广西壮族自治区"十四五"职业教育规划教材

新能源汽车驱动电机构造与控制技术

主 编 阮为平 李云超 吴 杰
主 审 彭朝晖 刘学军 车小平

电子工业出版社

Publishing House of Electronics Industry

北京·BEIJING

内 容 简 介

本书以新能源汽车驱动电机技术为内容，以实践操作为主线，介绍了新能源汽车驱动电机及控制系统认知、驱动电机结构原理与检修、电机控制器结构原理与检修、减速器总成结构原理与检修、电机驱动冷却系统组成原理与检修、电机驱动系统的维护和检测等内容，倡导理论知识够用，以实践操作内容为主，通过理实结合，使学生在动手操作的过程中掌握学习内容，这不仅能提升学生的学习兴趣，更能激发了学生深耕新能源汽车领域的积极性。同时，本书也适合对新能源汽车感兴趣的人员进行阅读和学习。

图书在版编目（CIP）数据

新能源汽车驱动电机构造与控制技术 / 阮为平，李云超，吴杰主编. —北京：电子工业出版社，2023.6

ISBN 978-7-121-45798-2

Ⅰ. ①新… Ⅱ. ①阮… ②李… ③吴… Ⅲ. ①新能源—汽车—驱动机构—控制系统—中等专业学校—教材 Ⅳ. ①U469.720.3

中国国家版本馆 CIP 数据核字(2023)第 108306 号

责任编辑： 张　豪
印　　刷： 中国电影出版社印刷厂
装　　订： 中国电影出版社印刷厂
出版发行： 电子工业出版社
　　　　　北京市海淀区万寿路 173 信箱　邮编：100036
开　　本： 787×1092　1/16　印张：9　字数：304 千字　插页：56
版　　次： 2023 年 6 月第 1 版
印　　次： 2025 年 2 月第 3 次印刷
定　　价： 48.90 元

凡所购买电子工业出版社图书有缺损问题，请向购买书店调换。若书店售缺，请与本社发行部联系，联系及邮购电话：（010）88254888，88258888。

质量投诉请发邮件至 zlts@phei.com.cn，盗版侵权举报请发邮件至 dbqq@phei.com.cn。

本书咨询联系方式：qiyuqin@phei.com.cn。

《新能源汽车驱动电机构造与控制技术》编委会

前　　言

　　时光荏苒，在2002年《国务院关于大力推进职业教育改革与发展的决定》颁布后，为了进一步深化职业教育改革，根据汽车行业企业岗位需要，不断更新教学内容，改进教学方法，笔者有幸在车小平主任（广西物资学校机电工程系原主任）的带领下，奔赴广东等发达省份，寻求汽车专业提升教学质量之"妙方"。当时取回的"真经"便是"理实一体化教学"，由此，拉开了专业教学改革的帷幕。

　　多年来，笔者与相关团队坚持汽车专业"理实一体化教学"方面的探索、研究和实践，不断更新教学内容和方法，出版了中职汽车专业理实一体化系列教材，此项专业教学改革在2014年获得了国家职业教育教学改革二等奖。随着教学改革的不断发展，专业课程思政、三全育人、评价考核、信息技术等要素融入课堂；同时，新能源汽车专业的新岗位、新技术、新知识不断出现，也为大汽车专业"理实一体化"教学内涵提出了新的要求与挑战。根据新能源汽车行业的发展需要，结合职业学校教学特点，学校机电工程系教师开发出一系列教材、工作页以及配套的教学资源。

　　本书以新能源汽车驱动电机构造与控制技术为核心，以岗位实际工作任务为引领，以产教融合为基础，设计了新能源汽车驱动电机及控制系统认知、驱动电机结构原理与检修、电机控制器结构原理与检修、减速器总成结构原理与检修、电机驱动冷却系统组成原理与检修、电机驱动系统的维护和检测6个学习项目，共12个学习任务，并为每一个学习任务配套开发了教学设计、教学课件、实训指导书、工作页、微课、试题库等教学资源，方便职业院校进行一体化教学，让学生更好地掌握纯电动汽车动力电池的相关技术。

　　本书注重实用性，体现先进性，保证科学性，突出实践性，贯穿可操作性，反映了新能源汽车领域的新知识、新技术和新方向。本书文字简洁，通俗易懂，图文并茂，形象直观，内容系统，实例丰富，教学资源多样，容易培养学生的学习兴趣，能提高学生学习效果；书中充分体现了以学生为主的教学理念，注重理论和实践相结合，体现了教育贴近实际工作的理念。

　　本书可作为职业院校新能源汽车检测与维修、汽车维修等相关专业的教学用书，也可作为汽车销售或维修企业内部培训用书，以及汽车维修技术人员和汽车4S店工作人员的参考用书。

　　本书在编写过程中，编者参考了大量的国内外相关著作和文献资料，也得到了彭朝晖教授、刘学军教授、车小平主任、莫军教授等一批老师和专家的指导与帮助。同时也得到了上海景格股份有限公司、蜂巢传动系统（江苏）有限公司、长城汽车泰州分公司、深圳博天教育科技有限公司、北京物研科技有限公司等企业的大力支持与帮助，在此向有关作者、企业表示真诚的感谢。本书还得到了GXZC2021-J1-000926-GXZL项目、新能源汽车智能虚拟仿真实训基地建设项目的支持。

由于编者水平有限，书中难免存在不当之处，敬请广大读者及专家批评指正。

编者

2023 年 3 月

目　　录

项目一　新能源汽车驱动电机及控制系统认知 1

　　任务1.1　电机驱动系统认知 1

　　任务1.2　电机驱动系统基本组成与工作原理 5

项目二　驱动电机结构原理与检修 13

　　任务2.1　驱动电机基本认知 13

　　任务2.2　典型驱动电机结构原理与检修 19

项目三　电机控制器结构原理与检修 37

　　任务3.1　典型电机控制器结构与原理 37

　　任务3.2　典型电机控制器检修 45

项目四　减速器总成结构原理与检修 61

　　任务4.1　典型减速器总成结构与原理 61

　　任务4.2　典型减速器总成检修 67

项目五　电机驱动冷却系统组成原理与检修 81

　　任务5.1　典型电机驱动冷却系统组成与原理 81

　　任务5.2　典型电机驱动冷却系统检修 85

项目六　电机驱动系统的维护和检测 99

　　任务6.1　电机驱动系统的维护 99

　　任务6.2　电机驱动系统的故障检测 115

项目一　新能源汽车驱动电机及控制系统认知

任务1.1　电机驱动系统认知

一、任务导入

　　某中职院校新能源汽车技术专业学生，学习了纯电动汽车的组成，掌握了纯电动汽车包括动力电池系统、电机驱动系统、整车控制系统以及底盘、车身和辅助电气的五大组成部分。现班级同学要开始深入学习电机驱动系统，老师提出了三个问题：一、什么是电机驱动系统？二、电机驱动系统的发展趋势是什么？三、电机驱动系统的要求有哪些？要求班级同学通过对电机驱动系统认知的学习，整理出电机驱动系统的定义、发展和要求等相关知识。

二、任务目标

知识目标：

（1）了解电机驱动系统的发展历程。

（2）了解电机驱动系统的应用现状。

（3）了解电机驱动系统的发展趋势。

技能目标：

（1）能体会电机驱动系统的作用。

（2）能列举说明新能源汽车电机驱动系统的基本工作要求。

素质目标：

（1）通过学习电机驱动系统的发展历程，了解电机驱动技术的发展，并从中融入思政元素，培养学生的大国工匠精神。

（2）通过学习新能源汽车电机驱动系统的要求，逐步培养学生将抽象理论与具体技术联系的思维方式。

（3）通过对所学知识的表述，培养学生基本的语言表达能力，提高学生的总结分析能力。

三、知识链接

根据GB/T2900.25、GB/T2900.33和GB/T19596的规定，电机驱动系统是驱动电机、驱动电机控制器及它们工作必需的辅助装置的组合。电机驱动系统是纯电动汽车的核心系统之一，可以通过有效的控制策略将动力电池提供的直流电转换为交流电，进而实现对电机的转向、转速、扭矩及功率的综合控制。在汽车行驶过程中，电机驱动系统根据驾驶员的操作意图、动力电池和驱动电机的状态控制车辆的行驶和停止，高效率地将动力电池的电能转换为车轮的机械能，同时在汽车减速制动或者下坡时，进行能量回收，从而达到节能减排的目的。电机驱动系统，如图1-1-1所示。

图 1-1-1 电机驱动系统

（一）电机驱动系统发展应用

新能源汽车与普通燃油汽车最主要的区别在于电机驱动系统。在纯电动汽车和燃料电池新能源汽车中，电机是唯一的驱动装置，进行动力输出。下面我们将从电机驱动系统的发展历程、应用现状、技术发展趋势三个方面来重温电机驱动系统的发展路程。

1. 电机驱动系统的发展历程

在20世纪80年代之前，电动车的原型电机中多使用直流电机，其特性非常适合道路负载，并且操控简单。然而，体积大和需要维护的特点限制了直流电机在电动车上乃至电机驱动领域的应用。直流电机剖视图，如图1-1-2所示。

随着技术的不断发展，现代新能源汽车中大都采用交流电机，包括交流感应电机、永磁同步电机、开关磁阻电机，如图1-1-3所示。

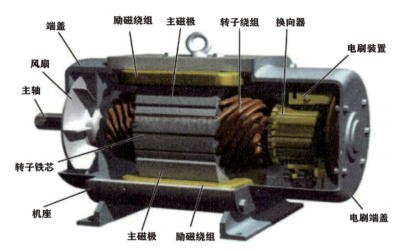

图 1-1-2　直流电机剖视图

交流感应电机　　　　　　　永磁同步电机　　　　　　　开关磁阻电机

图 1-1-3　交流电机结构剖视图

　　目前市场上的各种纯电动汽车和混合动力新能源汽车中，永磁同步电机占多数，交流感应电机占一小部分，这两种电机基本就是电动乘用车驱动电机的全部。相比永磁同步电机，交流感应电机体积较大，但是价格适中，并且交流感应电机可以做得功率很大，不存在退磁等问题，所以一些大型车或者追求性能的新能源汽车，比如特斯拉Model S和蔚来ES8，都采用交流感应电机。电机种类及优缺点，如表1-1-1所示。

表 1-1-1　电机种类及优缺点

序号	电机种类	优点	缺点
1	永磁同步电机	结构简单、体积小、效率高、节能环保、功率因数高、故障率低	磁场不易调节、制造成本较高
2	交流感应电机	结构简单、制造容易、价格低廉、运行可靠、维护方便、坚固耐用	启动性和调速性能较差，功率因数较低
3	开关磁阻电机	结构和控制简单、可靠性高、成本低、启动制动性能好、运行效率高	噪声较大、转矩脉动较严重、非线性较严重
4	直流电机	控制性能好、成本低	结构复杂，长时间工作会产生损耗，有高频电磁干扰，影响整车其他电气性能，已经基本淘汰

2．电机驱动系统的应用现状

（1）我国已经建立了具有自主知识产权的交流异步电机驱动系统的开发平台。例如，南车时代电动客车采用交流异步电机驱动系统。

（2）开关磁阻电机驱动系统已经具备自主研发能力。例如，使用开关磁阻调速电机的东风混合动力大巴车作为"奥运公交专线1路"，实现24小时运营。

（3）无刷直流电机驱动系统产品性能有了很大提高。例如，大连恒田6104EV纯电动公交客车，采用的是体积小、效率高、启动过载转矩大的无刷直流电机驱动系统。

（4）永磁同步电机驱动系统已经形成了一定的研发和生产能力。例如，长城汽车公司在第25届世界电动车大会暨展览会展出的哈弗M3纯电动汽车，采用的是永磁同步电机驱动系统。

总体而言，目前我国已经基本掌握了车用电机及其控制系统的核心技术，但普遍采用的是永磁同步电机。

3．电机驱动系统的技术发展趋势

目前，新能源汽车电机驱动系统已经广泛应用在乘用车和商用车上，它有着一定的特点，未来发展呈现良好趋势。

（1）电机驱动系统集成化。

随着技术的发展和市场应用需求，电机驱动系统主要部件包括驱动电机、电机控制器和减速器总成，逐步形成集成度越来越高的电机驱动系统，如图1-1-4所示。

图 1-1-4 电机驱动系统集成化（三合一）

（2）电机驱动系统高效化。
（3）电机驱动系统数字化。
（4）电机驱动系统部分组件非金属化。
（5）电机电控一体化动力总成产品的发展。
（6）产业集群发展趋势。

（二）新能源汽车电机驱动系统要求

新能源汽车电机驱动系统的运行与一般的工业电机驱动系统不同，工况非常复杂，对电机驱动系统有很高的要求，具体如下。

（1）起动力矩大和过载能力强。

（2）限制电机过大的峰值电流。

（3）调速范围宽。

（4）驱动电机能够正反转运行。

（5）应能方便、高效地实现电能回馈。

（6）调速响应快。

（7）运行有一定容错性。

（8）运行平稳及可靠性高。

（9）驱动电机同时具有电磁制动功能。

任务1.2　电机驱动系统基本组成与工作原理

一、任务导入

　　现班级同学要开始深入学习电机驱动系统，老师提出两个问题：一、电机驱动系统由哪些部件组成？二、电机驱动系统的工作原理是什么？要求班级同学通过对电机驱动系统认知的学习，整理出电机驱动系统基本组成和工作原理的相关知识。

二、任务目标

知识目标：

（1）了解电机驱动系统的基本组成及其作用。

（2）了解电机驱动系统的工作原理。

（3）熟悉典型纯电动汽车电机驱动系统组成及控制特点。

技能目标：

（1）能说出电机驱动系统的作用。

（2）能列举电机驱动系统的类型。

素质目标：

（1）通过学习电机驱动系统在制动时为提高电池能量的利用率，采用能量回收的方式进一步降低能源的消耗，引导学生建立节约能源、珍惜资源的意识。

（2）通过学习电机驱动系统的基本工作原理，培养学生原理分析的能力和素养。

（3）通过学习典型纯电动汽车电机驱动系统的控制特点，培养学生提炼知识、总结知识的学习素养。

三、知识链接

电机驱动系统是纯电动汽车的核心部件之一，它可以在驾驶员的操控下，高效率地将动力电池中的电能转换为车轮上的动能，或者将车轮上的动能转换为电能回馈到动力电池中。电机驱动系统的性能直接决定了新能源汽车的爬坡、加速、极限速度等主要动力性能指标，从而影响车辆动力性、经济性和用户驾乘感受。

（一）电机驱动系统的作用

电机驱动系统的主要作用是，将电能转换为机械能，从而产生动力，实现驱动电机的运动。具体来说，电机驱动系统的作用包括以下四点。

新能源汽车电机
驱动系统功用

1. 提供动力和驱动力

电机驱动系统通过把电能转换为机械能，提供足够的动力和驱动力，推动车辆或机器设备的运动。

2. 控制运动

电机驱动系统通过控制电机的转速、转向、扭矩和位置等参数，使物体按照预定的路径和速度进行运动。通过控制电机的驱动输出，可以实现准确定位、加减速控制、力控制等功能，满足特定应用的要求。

3. 提供力矩和扭矩调节

电机驱动系统可以根据需求提供不同大小的力矩和扭矩输出，以适应不同的工作负荷。通过调节电机的驱动电流和电压，可以精确地控制电机的输出力矩和扭矩，使其适应不同的负荷。

4. 实现能量回收

电机驱动系统在制动或减速时，电机可以将部分机械能转换为电能，回馈给电池或电网，实现能量的再利用，提高系统的能效和性能。

（二）电机驱动系统的组成

纯电动汽车的电机驱动系统一般位于前机舱内，如图1-2-1所示。电机驱动系统完成车辆驱动的部件主要有产生驱动力的驱动电机、控制电机运行状态的电机控制器和进行动能传递的机械减速装置，电机驱动系统组成如图1-2-2所示。除此之外，还包括电驱冷却系统，它们通过高低压线束、冷却管路与整车其他部件连接、运转。

电机驱动系统
安装位置

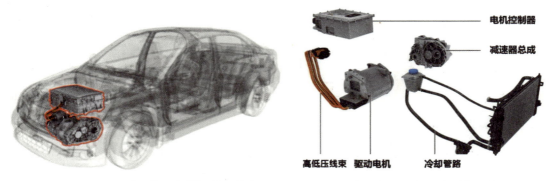

图 1-2-1 电机驱动系统一般位于前机舱内　　　　　图 1-2-2 电机驱动系统组成

1. 驱动电机

驱动电机是动力系统的执行元器件，由定子、转子、转子位置传感器（旋转变压器）、温度传感器及端盖等部件组成，如图1-2-3所示。其作用是接收电机控制器对车辆运行状态的控制指令，将电源的电能转换为机械能，通过传动装置传递到车轮。在车辆行驶时，驱动电机起到动力源的作用；在车辆减速或制动时，驱动电机起到发电机的作用。

图 1-2-3 驱动电机组成

2. 电机控制器（MCU）

电机控制器（MCU）是电机驱动系统的核心，主要由电子控制装置和功率转换装置组成，它是驱动电机的控制单元，能控制驱动电机的工作，如图1-2-4所示。电机控制器可以将动力电池的高压直流电转换成满足驱动电机需要的对应电压、电流、频率的三相交流电，供给电机驱动，从而控制驱动电机进行驱动、加速等工作；也可以将驱动电机发出的三相交流电，整流成满足动力电池要求的高压直流电，给动力电池补充电能。

3．机械减速装置

纯电动汽车的机械减速装置也称为减速器总成，它与驱动电机的输出端相连接，安装在驱动桥上，如图1-2-5所示。它可以将电机的输出减速扭矩传输给汽车的驱动轴，从而带动汽车车轮行驶。

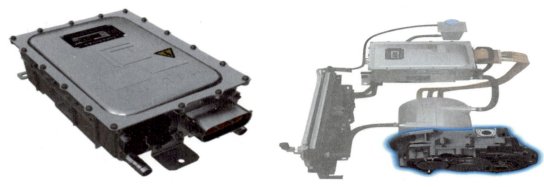

图 1-2-4　电机控制器　　　　　　　　　　图 1-2-5　机械减速装置

其具体功能主要体现在两方面：一是将驱动电机的输出转速降低、扭矩升高，并传递给汽车驱动轴，以实现整车对驱动系统的扭矩、转速的控制，最终带动车辆减速；二是通过齿轮改变转矩的传递方向，通过差速器实现两侧车轮转速差，保证内、外侧车轮以不同的转速滚动而非滑动。

4．电驱冷却系统

电驱冷却系统的作用是，它可以带走电机驱动系统中的驱动电机和驱动电机控制器工作过程中产生的热量，将其工作温度控制在允许的范围内，使其具有良好的工作性能。纯电动汽车的电机驱动系统一般采用空气冷却或水冷却两种方式散热。纯电动汽车通常多采用水冷却方式，水冷却系统如图1-2-6所示。

图 1-2-6　电驱冷却系统的水冷却方式

（三）电机驱动系统的工作原理

电机驱动系统
工作原理

纯电动汽车驱动系统的工作原理，如图1-2-7所示。纯电动汽车的电机驱动系统工作时，整车控制器接收到驾驶员操纵信号和动力电池状态信息等信号，通过分析确定驾驶员的操作意图，转换成相应的控制指令并发送给电机控制器，电机控制器控制驱动电机工作，从而使新能源汽车按照驾驶员的操作意图工作。

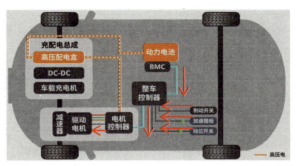

图 1-2-7　纯电动汽车驱动系统的工作原理

当汽车需要行驶时，电机驱动系统将动力电池输出的高压直流电转换为三相交流电输送给驱动电机，驱动电机将电能转换为机械能驱动车轮，从而实现汽车行驶。当汽车减速制动或者空挡滑行时，车轮带着驱动电机以发电机的形式转动，产生三相交流电，电机控制器将三相交流电转换为高压直流电为动力电池充电，补充电能。

（四）电机驱动系统的类型

电机驱动系统根据驱动电机的数目不同，可以分为单电机驱动系统和多电机驱动系统，其中多电机驱动系统常见的有双电机驱动系统和三电机驱动系统，如图1-2-8所示。这里以单电机驱动系统为例进行讲解。

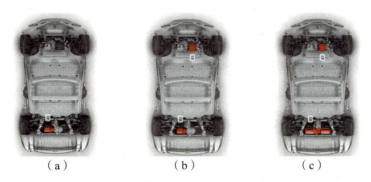

（a）　　　　　　　　　（b）　　　　　　　　　（c）

图 1-2-8　单电机、双电机、三电机驱动系统

单电机驱动系统

电机驱动系统，如图1-2-9所示，由一套完整的电机驱动总成构成，整个电机驱动系统

包括电机、减速器、差速器。纯电动汽车有不同形式的驱动架构，常见的有后驱形式单电机驱动系统［图（a）］，其电机、电机控制器及减速器、差速器总成位于车辆后轴［图（b）］。还有前驱动式单电机轴与电机控制器及减速器、差速器总成平行的系统［图（c）］。还有前驱形式双电机结构与单电机系统类似，但动力更强且控制更灵活的系统［图（d）］。单电机驱动系统只有一个动力传递路线，所以架构简单、便于维护，但单电机驱动系统的效率不是很高。

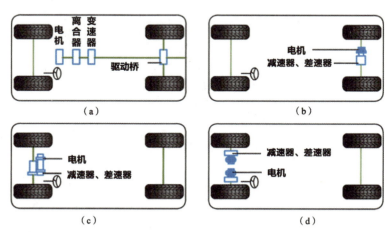

图 1-2-9　电机驱动系统示意原理

（五）典型纯电动汽车电机驱动系统组成及控制特点

在"电机驱动系统类型"中提到，按照驱动电机数量分类可以分为单电机、双电机、三电机等类别。下面以单电机驱动系统为例进行讲解。

单电机驱动系统组成及控制特点

（1）单电机驱动系统组成及分布特点。

单电机驱动系统由一套完整的电机驱动总成构成，整个电机驱动总成主要包括一个驱动电机（简称电机）、一个电机控制器和一个减速器、差速器，并配以电机驱动冷却系统和高低压线集等部件，以确保电机驱动系统正常工作，如图1-2-10所示。

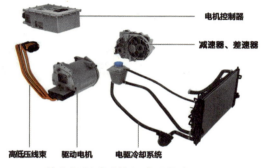

图 1-2-10　单电机驱动系统组成（北汽 EV160/200）

单电机驱动系统的一套电机驱动的驱动电机、电机控制器和减速器，一般是独立分布在相应位置的，如北汽EV160/200的驱动电机、电机控制器和减速器总成都是分布在前机舱内的，如图1-2-11所示。

但是有些单电机驱动系统的电机驱动总成的核心部件是集成在一起的，构成"三合一"电机驱动桥总成，如图1-2-12所示。

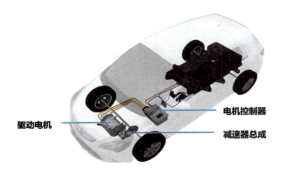

图 1-2-11　电机驱动总成核心部件布局图（北汽 EV160/200）　　图 1-2-12　三合一电机驱动桥总成

（2）单电机驱动系统控制特点。

单电机驱动系统只有一套电机驱动总成，在纯电动汽车中，它是车辆驱动的唯一动力源。汽车工作时，电机控制器根据驾驶员操作信号、驱动电机状态信号以及车辆运行状态信号控制驱动电机的转速、转矩和转向，使驱动电机工作，并通过减速器总成将动力传递给车轮，以驱动车辆按照驾驶员的操作意图行驶。除了单电机驱动系统，还有双电机、三电机类型，三种电机类型的组成和控制特点，如表1-2-1所示。

表 1-2-1　三种电机类型的组成及控制特点

序号	电机类型	组成	布局特点	优缺点
1	单电机	一套完整的电机驱动总成	独立分布	是车辆驱动的唯一动力源
2	双电机	两套完整的电机驱动总成	分布布置或集中布置	改变了纯电动汽车的机动性能，同时也使其续驶里程达到最高
3	三电机	三套完整的电机驱动总成	一套电机驱动系统位于前轴，两套电机驱动系统位于后轴	更强劲的动力，更好的操作稳定性

项目二　驱动电机结构原理与检修

任务 2.1　驱动电机基本认知

一、任务导入

　　某高职院校新能源汽车技术专业学生，学习了电机驱动系统的组成，了解了驱动电机是电机驱动系统的核心。课间休息时，同学们在讨论"哪种电机更适合应用于新能源汽车"。一部分同学认为永磁同步电机功率密度高、调速范围宽、占用空间小、输出转矩大，所以非常适合新能源汽车使用；另一部分同学认为交流感应电机结构简单、运行可靠性强、转速高、维护成本低，所以比较适合新能源汽车使用。本任务要求学习驱动电机的基本知识，掌握不同类型驱动电机的性能特点。

二、任务目标

知识目标：

（1）了解驱动电机的类型。

（2）了解驱动电机的功用。

技能目标：

（1）能找出驱动电机的安装位置。

（2）能说出驱动电机的性能要求。

素质目标：

（1）通过了解驱动电机的类型，拓展学生的视野，并培养学生精益求精、不怕烦琐新的工匠精神。

（2）通过分辨新能源汽车的驱动形式，培养学生多样化解决问题的思维方式。

三、知识链接

　　新能源汽车的电机有两种形式，一种是以驱动为主的驱动电机，另一种是以起动和发电为主的电动发电机。

（一）驱动电机作用

驱动电机是新能源汽车电机驱动系统的核心部件，是新能源汽车车辆行驶中的主要执行结构，其驱动特性决定了汽车行驶的主要性能指标。一般来说，驱动电机既可以将电能转换为机械能驱动汽车行驶，也可以作为发电机将机械能转换为电能，并存储在动力电池内。

（二）驱动电机类型

电机分类认知——
按电源类型分

1. 直流电机（Direct Current Machine）

直流电机将直流电能转换成机械能，具有良好的启动特性和调速特性，转矩也比较大。但由于其构造导致其有制造成本高、维护麻烦等缺点。直流电机包括定子和转子两部分，为保持转子一直旋转，有刷直流电机和无刷直流电机分别通过电刷和换向器改变转子内磁场的极性，如图2-1-1所示。

2. 交流感应（异步）电机（Induction Motor）

1889年，德国AEG公司制造了第一台交流三相异步电机。随着20世纪80年代微电子控制技术的发展，交流电机得到了广泛应用。异步电机是一种常见的交流电机，也被称为感应电机。它利用磁场的旋转变化来产生转矩，将电能转换为机械能。异步电机由定子和转子两部分组成，定子包括铁芯、定子绕组和端盖等部件，转子由铁芯、转子绕组和轴等部件构成，如图2-1-2所示。

图2-1-1　直流电机　　　　　　　　　图2-1-2　交流感应电机

3. 永磁同步电机（Synchronaes Machine）

永磁同步电机由转子、定子、传感器和控制器等部分组成。它具有高效率、高功率密度和低噪声等特点。定子产生磁极吸引转子，使其旋转。在负载下，定子旋转磁场领先转子一点，使转子跟随旋转磁场转动。转子磁场切割定子磁场产生感应电流，实现电机发电和电动车制动能量回收，如图2-1-3所示。

4．开关磁阻电机（Switched Reluctance Motor）

1983年，英国TACS Drives公司首次将开关磁阻电机推向市场。2012年，菲亚特500型EV采用了这一技术。开关磁阻电机是一种新型调速电机，其调速系统兼具直流、交流两类调速系统的优点，是继变频调速系统、无刷直流电机调速系统后的最新一代无极调速系统。开关磁阻电机的定子和转子铁芯均由硅钢片叠压而成，利用冲片上的齿槽构成双凸极结构，定子产生扭曲磁场，利用"磁阻最小原理"驱动转子运动，如图2-1-4所示。

图2-1-3　永磁同步电机　　　　　　　　图2-1-4　开关磁阻电机

（三）电机参数

常见的电机参数有额定功率、额定电压、额定电流、额定频率、额定转速、效率η、功率因数COS、防护等级、绝缘等级、额定类型等，详细内容，如表2-1-1所示。

驱动电机性能
参数认知

表 2-1-1　常见的电机参数

电机参数	定义
额定功率	电机在额定运行时的输出机械功率，就是轴端的输出功率，表明该电机的出力大小——即电机容量（用kW表示）
额定电压	指电机在额定运行时的线端电压（用V或kV表示）。国家标准规定的电压等级为220V、380V、1000V、3000V、6000V、10000V、13800V、20000V等
额定电流	指电机在额定运行时的线端电流，它表示电机在输出额定功率时，其负载的电流大小（用A表示）
额定频率	指电机在额定运行时的频率，实际上是指电网的频率（用Hz表示）。我国电网额定频率是50Hz
额定转速	指电机在额定运行时的转速（用r/min表示） 所谓额定运行就是指电机在额定电压、额定频率和额定负载下的运行
效率 η	指满载时电机输出机械功率与输入电功率之比，通常用百分数表示。它反映电机运行时电能损耗的大小
功率因数COS	电机输入有效功率与视在功率之比。它反映电机运行时，从电网吸收无功功率的大小。功率因数的大小，由无功励磁电流的大小决定

（续表）

电机参数	定义
防护等级	防护型式的代号是IP AB A表示防水等级：1表示防滴水；2表示15°防滴水，防止当外壳在15°倾斜时垂直方向滴水；3表示60°防淋水，防止外壳的垂直面在60°范围内时淋水；4表示防溅水，表示防止向外壳各个方向溅水 B表示防接触和防异物等级：1防大于50mm、2防大于12mm、3防大于2.5mm、4防大于1mm的固体进入电机，5防尘电机
绝缘等级	电机绕组绝缘性的等级，它反映了电机的最高运行温度和允许温升，它们的绝缘等级为A、E、B、F、H
额定类型	额定类型是电机承受负载情况的说明，是设计和选择电机的基础。额定类型分别为：S1—连续工作制；S2—短时工作制；S3—断续周期工作制等，共9类。通常为S1—连续工作制

（四）驱动电机铭牌识读

新能源汽车驱动电机铭牌是标明驱动电机基本特征的标牌，通过铭牌，可以了解新能源汽车驱动电机的主要信息。不同品牌的新能源汽车，其铭牌内容会有差异。

驱动电机的铭牌主要包括型号、厂家代码、持续转矩、持续功率、额定转速、额定电压、冷却方式、峰值转矩、峰值功率、最高工作转速、重量、工作制和出厂日期等参数，有些电机铭牌还包括编号和相数，如图2-1-5所示。

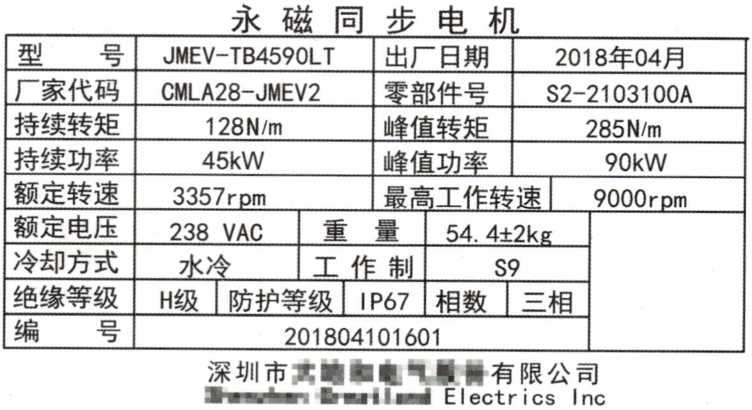

永磁同步电机

型　号	JMEV-TB4590LT	出厂日期	2018年04月
厂家代码	CMLA28-JMEV2	零部件号	S2-2103100A
持续转矩	128N/m	峰值转矩	285N/m
持续功率	45kW	峰值功率	90kW
额定转速	3357rpm	最高工作转速	9000rpm
额定电压	238 VAC	重　量	54.4±2kg
冷却方式	水冷	工作制	S9
绝缘等级	H级　防护等级　IP67	相数	三相
编　号	201804101601		

深圳市大█████电气█████有限公司
██████ ██████ Electrics Inc

认识电机铭牌

图2-1-5　驱动电机铭牌

型号识读

驱动电机的型号由大写的英文字母和阿拉伯数字组成，如图2-1-6所示。驱动电机型号由驱动电机类型代号、尺寸规格代号、信号反馈元器件代号、冷却方式代号、预留代号五部分组成，如表2-1-2所示。

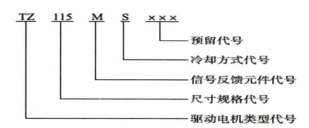

图2-1-6 驱动电机型号的组成

表2-1-2 驱动电机型号识读表

序号	名称	代号	代号释义
1	驱动电机类型代号	ZL	直流电机
		YR	绕线转子异步电机
		TS	笼型异步电机
		TZ	正弦波控制型永磁同步电机
		TF	方波控制型永磁同步电机
		KC	开关磁阻电机
2	尺寸规格代号		一般采用定子铁芯外径
3	信号反馈元器件代号	M	光电编码器
		X	旋转变压器
		H	霍尔元器件
			无传感器不必标出
4	冷却方式代号	S	水冷方式
		Y	油冷方式
		F	强迫风冷方式
5	预留代号	大写英文字母或阿拉伯数字组合，含义由制造商自行确定	

（五）驱动电机性能要求

新能源汽车的驱动电机与传统燃油汽车的发动机和电机不同，其工况非常复杂，对驱动电机有很高的要求。

1. 高电压

优点是减小电机尺寸、降低成本、提高效率。提高电机电压的例子是丰田THS-Ⅱ混合动力系统，它将电机电压提高到650V，使电机的功率、转矩和转速范围扩大。

2. 高转速

在规定的负载条件下电机应能达到产品技术文件规定的最高工作转速限值。现代新能源汽车的电机转速可达8000～12000r/min，甚至更高。转矩密度和功率密度大、质量轻、体积小。采用铝合金外壳可降低电机质量，控制装置和冷却系统的材料应尽可能选用轻质材料。

3. 具有较大的起动转矩和较宽范围的调速性能

为了满足起动、加速、行驶、减速、制动等所需的功率与转矩，电机应具有较大的起动转矩和较宽范围的调速性能；应具有自动调速功能，减轻操纵强度，提高舒适性，达到内燃机汽车同样的控制响应。电机的转矩特性小于基速时为恒转矩，随着车速（电机转速）的升高其转矩逐渐降低。

4. 较大的过载能力

新能源汽车的驱动电机一般需要有4～5倍的过载，以满足短时加速行驶与最大爬坡度的要求。而工业驱动电机只要求有2倍的过载。

5. 高效率

在额定电压下，电机、控制器、电机系统的最高效率应符合产品技术文件规定。在额定电压下，电机、电机系统的高效工作区（效率不低于80%）占总工作区的百分比应符合产品技术文件规定。

6. 可兼作发电机使用

新能源汽车驱动电机应支持再生制动，回收能量并反馈回动力电池，提高能量利用率。传统燃油汽车不能实现这点，因为需要电机可逆性，既能当电机运行，也能当发电机运行，如图2-1-7所示。

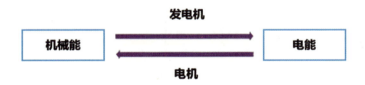

图2-1-7　电机与发电机的作用

任务 2.2　典型驱动电机结构原理与检修

一、任务导入

　　一辆比亚迪E5（本书以**2018款**为例）被拖至4S店进行维修，车主反映该车在涉水后车辆无法上电。维修接待人员试车后发现车辆的上电指示灯不亮、动力系统故障警告灯点亮，且仪表信息区域显示"请检查动力系统"。经高级维修技师初步诊断，发现低压蓄电池和动力电池系统正常，因此判断电机驱动系统可能存在故障，需要进行驱动电机检修，以便确认驱动电机是否正常。请学习相关知识，完成**2018款**比亚迪E5驱动电机的检修任务。

二、任务目标

知识目标：

（1）熟悉2018款比亚迪E5永磁同步驱动电机的结构。
（2）了解2018款比亚迪E5永磁同步驱动电机的工作原理。

技能目标：

（1）能按照操作规范进行永磁同步驱动电机的拆解与检测。
（2）掌握永磁同步电机的检修方法。

素质目标：

（1）通过团队协作制订工作计划，培养学生的自主能力及团队协作意识。
（2）通过工学结合的方式，让学生提前适应工作岗位，避免在今后的工作中发生欺瞒客户、夸大故障等现象，培养学生的诚实守信精神。
（3）完成永磁同步驱动电机拆解与检测任务，培养学生的动手操作能力，树立崇尚劳动的意识，进而培养学生的工匠精神。

三、知识链接

　　驱动电机是电机驱动系统的执行元器件，是电能与机械能的转换部件。在纯电动汽车工作过程中，驱动电机承担着电机和发电机的双重功能。应用在新能源汽车的驱动电机有永磁同步电机感应电机、开关磁阻电机，这里主要对永磁同步驱动电机的结构和工作原理进行讲解。

（一）典型永磁同步驱动电机结构

永磁同步驱动电机是转子为永磁材料、定子为三相绕组的电机。这种电机具有高功率密度、宽调速范围、输出转矩大、驱动效率高等优点，且体积小、操控性好，是目前应用较为广泛的驱动电机。

1. 典型永磁同步电机结构

2018款比亚迪E5配置的驱动电机结构简单、体积小、重量轻，其主要由定子、转子、壳体、端盖、旋转变压器、温度传感器等组成，如图2-2-1所示。

图2-2-1　2018款比亚迪E5驱动电机组成的实例

（1）定子。

2018款比亚迪E5驱动电机的定子主要由定子铁芯和定子线圈组成，定子线圈外部有温度传感器线束接插器，而检测驱动电机温度的温度传感器嵌在定子的定子线圈内部，如图2-2-2所示。

（2）转子。

2018款比亚迪E5的转子主要由转子铁芯、永磁体和转轴等组成，如图2-2-3所示。这种驱动电机的转子采用的是永磁体结构，所以转子本身自带磁场，不需要用电来生磁，能耗相对较低。

（3）壳体。

驱动电机的壳体是固定定子和转子的支架，主要用于支撑驱动电机的转子和定子，并防止灰尘进入驱动电机内部，保护转子和定子的铁芯、绕组等部件。2018款比亚迪E5驱动电机的壳体上有冷却水管、高压接线盒，如图2-2-4所示。

（4）端盖。

驱动电机端盖为驱动电机的后端盖，从结构上来说是驱动电机壳体的一部分，主要用于密封和防护驱动电机的定子和转子，也用于支撑驱动电机转子总成。所以驱动电机后盖上有轴承座孔、温度传感器和旋转变压器低压线束接插器的安装孔，如图2-2-5所示。

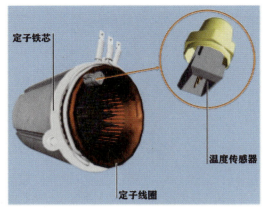

图2-2-2　2018款比亚迪E5定子结构

图2-2-3　2018款比亚迪E5转子结构

图2-2-4　2018款比亚迪E5壳体结构

图2-2-5　2018款比亚迪E5端盖结构

（5）旋转变压器。

旋转变压器是一种能转动的检测装置，主要用于检测驱动电机转子的位置和转速，并将检测信号输送给电机控制器。旋转变压器按照输出电压与转子转角的函数关系可分为正余弦旋转变压器、线型旋转变压器和比例式旋转变压器。2018款比亚迪E5采用的是正余弦旋转变压器，如图2-2-6所示。

（6）温度传感器。

驱动电机上的温度传感器有两个，一个为检测驱动电机冷却液温度的冷却液传感器，一个是检测驱动电机定子绕组温度的温度传感器，如图2-2-7所示。冷却液温度传感器检测到温度信号输送给主控制器，主控制器根据这个信号控制电动水泵和散热器风扇的工作。

图2-2-6　2018款比亚迪E5旋转变压器结构　　图2-2-7　2018款比亚迪E5驱动电机两温度传感器结构

（二）典型永磁同步驱动电机工作原理

1. 驱动原理

当驾驶员踩下加速踏板驱动车辆时，高压电控总成根据接收到的加速踏板的位置信号、驱动电机工况信号和动力电池的状态信号，判断车辆需要驱动，且满足驱动条件。高压电控总成将驱动信号输送给BMS控制动力电池的输出高压电，同时高压电控总成内的电机控制器将动力电池的高压直流电逆变成三相交流电供给驱动电机，驱动电机将电能转换为机械能，动力通过减速器总成传递给驱动车轮，带动车辆行驶。

电机控制器输出的三相交流电供给驱动电机的定子绕组，驱动电机内部的U相、V相和W相中的两相依次导通后，就会依次在驱动电机定子中的相应绕组产生磁场，如图2-2-8所示，断开之后再消失。整个工作过程中，机控制器是循环给驱动电机三相绕组供电，形成定子绕组的闭合电路，所以在驱动电机气隙中产生旋转磁场，定子上的旋转磁场与转子上的永磁体的磁极相互作用，带动转子与定子上产生的旋转磁场同步旋转。

2. 发电原理

当驾驶员松开加速踏板/踩下制动踏板进行减速或制动时，高压电控总成根据接收到的加速踏板/制动踏板的位置信号和动力电池的状态信号，判断车辆进入能量回收模式。高压电控总成内的控制器停止逆变三相交流电的转换和输出，此时驱动电机进入发电模式，将发出的三相交流电传递给电机控制器，电机控制器进行整流滤波后输送给动力电池，给动力电池补充电能。

当车辆减速或制动时，驱动轮通过减速器总成拖动永磁同步电机转子运转，旋转的永久转子的磁场，分别切割U相、V相、W相的定子绕组，利用电磁感应原理产生U相、V相、W相三相交流电，如图2-2-9所示。

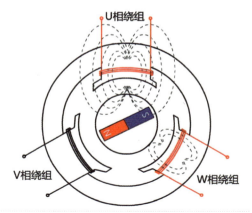

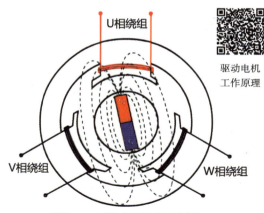

图2-2-8　驱动电机驱动原理　　　　　图2-2-9　驱动电机发电原理

驱动电机
工作原理

三、任务实施

实训1　永磁同步驱动电机拆解与检测

（一）任务准备

1. 操作规范

（1）在实训操作前，请穿戴好个人安全防护用品。

（2）准备好实训所需的设备及工具。

（3）在操作过程中，请正确选择并规范使用相关的拆装和测量工具。

（4）培养学生规范的操作流程，使学生学会思考挑选最优解决问题的能力，养成善于思考问题、解决问题的职业精神。

2. 实训准备

（1）实训分组。

根据车辆及人员数量对学生进行分组，通常每组有3～4人，即1人操作、1人记录、1～2人作为安全员，完成"永磁同步驱动电机拆解与检测"任务。

（2）工具准备。

① 常用工具：150件工具套装、指针式扭力扳手、定扭矩扳手、橡胶锤、刮刀。

② 测量工具：数字电桥、数字兆欧表、万用表。

③ 专用工具：电机转子拆装专用工具、安全凳。

（3）设备准备。

驱动电机总成拆检实训台。

（4）人员防护用品。

劳保鞋、劳保手套。

（5）辅助资料。

维修手册、技能视频、学习工作页。

（二）任务实施

1．驱动电机分解

（1）检查驱动电机总成。

① 目视检查驱动电机表面有无锈蚀、碰伤、划痕，涂覆层是否剥落，紧固件连接是否牢固。

② 目视检查旋转变压器接插器及温度传感器接插器有无破损，针脚有无弯曲或变形，如图2-2-10所示。

图2-2-10　检查接插器

③ 目视检查驱动电机进出水管有无锈蚀、碰伤、变形等异常现象。

④ 转动翻转台架，查看驱动电机总成标识上的工作电压、最大功率、最高转速、防护等级、绝缘等级、型号、最大转矩等信息。

（2）安装电机转子拆装专用工具。

① 调整翻转台架至驱动电机总成处于水平位置。

② 使用8mm套筒接杆、棘轮扳手组合工具依次拆卸旋转变压器和温度传感器的固定螺栓，如图2-2-11、图2-2-12所示。

图2-2-11　拆卸旋转变压器的固定螺栓

图2-2-12　拆卸温度传感器的固定螺栓

③ 拆卸旋转变压器和温度传感器线束接插器，并拔下接插件，如图2-2-13、图2-2-14所示，将旋转变压器和温度传感器器件端放置在合适位置。

④ 安装电机转子拆装专用工具至驱动电机前端盖上，并将电机转子拆装专用工具放置于安全凳，如图2-2-15所示。

图2-2-13　拆卸旋转变压器线束接插器

图2-2-14　拆卸温度传感器线束接插器

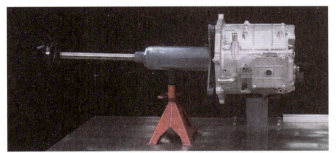

图2-2-15　安装电机转子拆装专用工具

⑤ 安装电机转子拆装专用工具固定支架上的4颗固定螺栓，如图2-2-16所示。

⑥ 使用19mm套筒接杆、棘轮扳手组合工具安装电机转子拆装专用工具固定支架上的固定螺栓。

⑦ 使用19mm套筒接杆、定扭扳手组合工具，按对角线顺序紧固电机转子拆装专用工具固定支架上的固定螺栓至规定力矩，规定力矩为20N/m，如图2-2-17所示。

图2-2-16　安装固定螺栓

图2-2-17　紧固固定支架的固定螺栓

⑧ 固定滑台两侧的固定旋钮，并将其推至驱动电机后端盖合适位置，安装驱动电机后端盖固定支架上的4颗固定螺栓。

⑨ 使用17mm套筒接杆、棘轮扳手组合工具安装驱动电机后端盖固定支架上的4颗固定螺栓。

⑩ 使用17mm套筒接杆、定扭扳手组合工具，按对角线顺序紧固驱动电机后端盖固定支架上的固定螺栓至规定力矩，规定力矩为20N/m，如图2-2-18所示。

（3）拆卸驱动电机后端盖，如图2-2-19所示。

图2-2-18　紧固后端盖固定支架固定螺栓

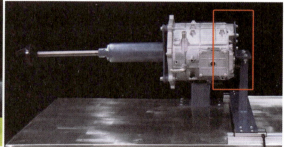
图2-2-19　拆卸驱动电机后端盖

① 检查驱动电机后端盖，检查固定滑台两侧的固定旋钮是否解锁，如图2-2-20所示。

图2-2-20　检查固定旋钮是否解锁

② 使用13mm套筒接杆、指针式扭力扳手组合工具，按对角线顺序预松驱动电机后端盖上的3颗固定螺栓。

③ 使用13mm套筒接杆依次拆卸驱动电机后端盖上的3颗固定螺栓，如图2-2-21所示。

图2-2-21 预松驱动电机后端盖上的3颗固定螺栓

④ 使用橡胶锤轻击驱动电机后端盖使其松动。

（4）拆卸驱动电机转子，如图2-2-22所示。

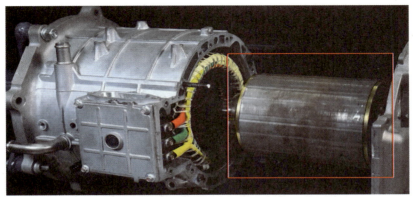

图2-2-22 拆卸驱动电机转子

① 用电机转子拆装专用工具，顺时针转动旋转手柄，用电机转子拆装专用工具挺杆，推动驱动电机转子及后端盖向外移动，当驱动电机后端盖与驱动电机壳体分开2cm左右时，停止操作，如图2-2-23所示。

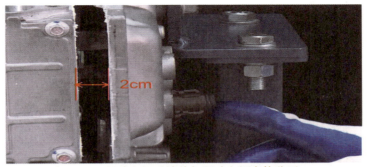

图2-2-23 驱动电机后端盖与驱动电机壳体分开2cm

② 将旋转变压器线束接插器和温度传感器线束接插器，放入驱动电机后端盖的安装孔内。

③ 检查驱动电机内部有无损坏，如图2-2-24所示。

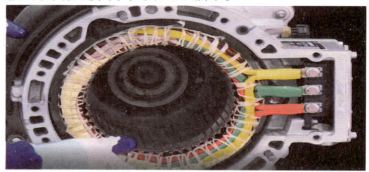

图2-2-24　驱动电机内部检查

④ 继续顺时针转动电机转子拆装专用工具旋转手柄，再用电机转子拆装专用工具挺杆推动驱动电机转子及后端盖向外移动，直至驱动电机转子与驱动电机定子完全分离，如图2-2-25所示。

图2-2-25　调整位置

⑤ 向后拉动驱动电机后端盖固定滑台至合适位置，并锁住滑台两侧的固定旋钮，如图2-2-26所示。

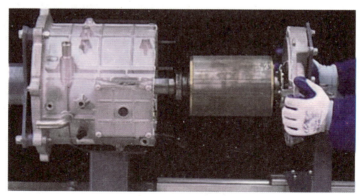

图2-2-26　调整位置

永磁同步驱动电机拆解与检测（2018款比亚迪E5）-01驱动电机分解

2. 驱动电机解体后检查

（1）驱动电机内部检查。

① 目视检查驱动电机三相电缆，有无老化、烧蚀、腐蚀等异常现象，如图2-2-27、图2-2-28所示。

图2-2-27　驱动电机三相电缆检查　　　　图2-2-28　驱动电机内部检查

② 用手轻微晃动驱动电机U相、V相、W相三相绕组线束，检查驱动电机三相绕组是否固定牢固。

③ 目视检查电机定子绕组是否有锈迹，漆包线是否存在破损等异常现象，温度传感器线束接插器有无损伤、异物塞入等异常现象，驱动电机定子硅钢片是否有异物脱落，隔层纸是否有破损、刮损、锈蚀等异常现象；驱动电机后端盖壳体有无裂纹、破损等异常现象，如图2-2-29所示。

图2-2-29　目视检查驱动电机转子

④ 用手转动驱动电机转子上的前轴承和后轴承，检查驱动电机两轴承是否有异物，转动是否灵活，是否有刮损等异常现象，如图2-2-30所示。

⑤ 目视检查驱动电机前轴承座是否有异物，是否有刮损、磨损等异常现象。

图2-2-30 检查驱动电机的组成

⑥ 用手转动驱动电机转子，目视检查驱动电机转子磁极是否有刮损、裂痕，强磁铁与硅钢片是否脱离，极性之间是否有裂缝、锈蚀等异常现象，如图2-2-31所示。

图2-2-31 检查驱动电机转子

⑦ 目视检查旋转变压器线束接插器有无损伤、异物塞入等异常现象，如图2-2-32所示。

⑧ 用手轻轻晃动旋转变压器线束接插器连接插头是否有松动，线束是否有断裂、破皮、烧结等异常现象，如图2-2-33所示。

（2）驱动电机绝缘电阻值的检测。

① 取出数字兆欧表，检测数字兆欧表是否正常可用，并对数字兆欧表进行校表，如图2-2-34所示。

② 使用8mm套筒接杆、棘轮扳手组合工具，拆卸三相线束的固定螺栓，如图2-2-35所示。

图2-2-32 目视检查旋转变压器线束接插器

图2-2-33　检查线束

图2-2-34　检查并校正数字兆欧表

图2-2-35　拆卸三相线束的固定螺栓

③ 将数字兆欧表调至1000V测试挡，使数字兆欧表黑表笔连接驱动电机壳体，红表笔连接三相绕组的W相绕组接线柱，按下测试按钮，检测W相绕组端子之间的绝缘电阻值，待数值稳定后，读取绝缘电阻值。若测量值与标准值不符，则说明驱动电机W相绕组端子之间存在绝缘性相关的故障，需更换新的驱动电机。标准值应大于**20MΩ**，如图2-2-36所示。

图2-2-36　连接数字兆欧表

④ V相绕组和U相绕组绝缘电阻值的测量方法与W相绕组的测量方法相同，依次进行测量。

（3）驱动电机三相绕组电阻检测。

① 取出数字电桥，对数字电桥进行校表，并检查数字电桥是否正常可用，如图2-2-37所示。

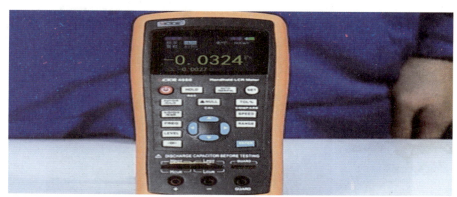

图2-2-37　检查并校正数字电桥

② 数字电桥红黑表笔分别连接W相端子和V相端子，测量驱动电机W相、V相绕组电阻值，标准电阻值应<1Ω。若测量值与标准值不符，则说明驱动电机三相绕组存在故障，需维修或更换新的驱动电机，如图2-2-38所示。

③ 数字电桥红黑表笔分别连接V相端子和U相端子，测量驱动电机V相、U相绕组电阻值，标准电阻值应<1Ω。若测量值与标准值不符，则说明驱动电机三相绕组存在故障，需维修或更换新的驱动电机。

④ 数字电桥红黑表笔分别连接W相端子和U相端子，测量驱动电机W相、U相绕组电阻值，标准电阻值应<1Ω。若测量值与标准值不符，则说明驱动电机三相绕组存在故障，需维修或更换新的驱动电机，如表2-2-1所示。

图2-2-38　测量驱动电机W相、V相绕组电阻值

表 2-2-1　驱动电机 W 相、U 相绕组电阻值

端子	端子	电阻值
U	W	
V	U	<1Ω
W	V	

⑤ 使用8mm套筒接杆组合工具，安装三相线束的固定螺栓。

⑥ 使用8mm套筒接杆、定扭扳手组合工具，紧固三相线束固定螺栓至15N/m。

（4）驱动电机旋转变压器电阻及阻抗检测。

为方便检测，旋转变压器端子编号和端子名称，如表2-2-2所示，旋转变压器励磁绕组电阻标准值，如表2-2-3所示。

表 2-2-2　旋转变压器端子编号和端子名称表格

端子编号	1 号	2 号	3 号	4 号	5 号	6 号
端子名称	余弦端子	正弦端子	励磁端子	余弦端子	正弦端子	励磁端子

表 2-2-3　旋转变压器励磁绕组电阻标准值

检测内容	标准值
旋变传感器线束接插器 3 号和 6 号端子电阻检测	6Ω ±2Ω
旋变传感器线束接插器 2 号和 5 号端子电阻检测	14Ω ±2Ω
旋变传感器线束接插器 1 号和 4 号端子电阻检测	12Ω ±2Ω
旋变传感器线束接插器 3 号和 6 号端子阻抗检测	50Ω ±24Ω
旋变传感器线束接插器 2 号和 5 号端子阻抗检测	150Ω ±42Ω
旋变传感器线束接插器 1 号和 4 号端子阻抗检测	150Ω ±42Ω

① 使用万用表，检查万用表是否正常可用，并对万用表进行校表，将万用表红黑表笔分别连接至旋变传感器线束接插器的3号和6号端子，测量旋转变压器励磁绕组之间的电

阻值，标准电阻值为6Ω左右。若测量值与标准电阻值不符，则说明驱动电机旋转变压器存在故障，需维修或更换新的旋转变压器，如图2-2-39、图2-2-40所示。

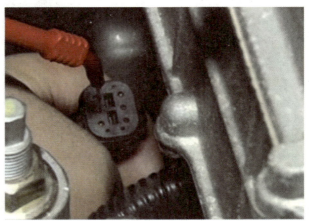

图2-2-39　用万用表连接传感器线束接插器

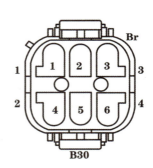

图2-2-40　用万用表检测旋变传感器线束接插器相应端子

② 将万用表红黑表笔分别连接至旋变传感器线束接插器的2号和5号端子，测量旋转变压器正弦绕组之间的电阻值。若测量值与标准值不符，则说明驱动电机旋转变压器存在故障，需维修或更换新的旋转变压器。

③ 将万用表红黑表笔分别连接至旋变传感器线束接插器的1号和4号端子，测量旋转变压器余弦绕组之间的电阻值。若测量值与标准值不符，则说明驱动电机旋转变压器存在故障，需维修或更换新的旋转变压器。

④ 将数字电桥调整至阻抗测试挡。电桥表频率需设置为10kHz，如图2-2-41所示。

⑤ 将数字电桥红黑表笔分别连接至旋变传感器线束接插器的3号和6号端子，测量旋转变压器励磁绕组之间的阻抗值。若测量值与标准值不符，则说明驱动电机旋转变压器存在故障，需维修或更换新的旋转变压器，如图2-2-42所示。

⑥ 将数字电桥红黑表笔分别连接至旋变传感器线束接插器的2号和5号端子，测量旋转变压器正弦绕组之间的阻抗值。若测量值与标准值不符，则说明驱动电机旋转变压器存

在故障，需维修或更换新的旋转变压器，如图2-2-43所示。

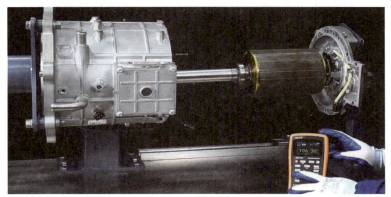

图2-2-41　将数字电桥调整至阻抗测试挡

图2-2-42　3号和6号端子之间的阻抗值

图2-2-43　2号和5号端子之间的阻抗值

　　⑦ 将数字电桥红黑表笔分别连接至旋变传感器线束接插器的1号和4号端子，测量旋转变压器余弦绕组之间的阻抗值。若测量值与标准值不符，则说明驱动电机旋转变压器存在故障，需维修或更换新的旋转变压器，如图2-2-44所示。

图2-2-44　1号和4号端子之间的阻抗值

（5）驱动电机温度传感器电阻检测。

将万用表红黑表笔分别连接至驱动电机温度传感器线束接插器的1号和4号端子，测量驱动电机温度传感器电阻值。若测量值与标准值不符，则说明驱动电机温度传感器存在故障，需维修或更换新的温度传感器，如图2-2-45所示。

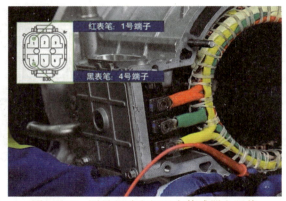

图2-2-45　测量驱动电机温度传感器电阻值

永磁同步驱动电机拆解与检测（2018款比亚迪 E5）-02驱动电机解体后检测

3．驱动电机组装

按照与拆卸顺序相反的步骤安装驱动电机。

永磁同步驱动电机拆解与检测（2018款比亚迪 E5）-03驱动电机组装

（三）整理清洁

（1）将测量工具及实验元器件整理归位。按照与拆卸顺序相反的步骤安装驱动电机。

（2）按照7S管理标准，整理工具、场地和设备。

项目三　电机控制器结构原理与检修

任务 3.1　典型电机控制器结构与原理

一、任务导入

　　某中职院校新能源汽车技术专业的学生，通过前面的学习了解到电机驱动系统主要由驱动电机、电机控制器、减速器总成和电机驱动冷却系统组成。现班级要开始学习电机控制器相关知识，老师提出了两个问题：一、电机控制器组成部件有哪些？各部件的功能是什么？二、电机控制器的工作原理是什么？要求班级同学通过对电机控制器基本组成与原理的学习，整理出这两个问题的答案。

二、任务目标

知识目标：

（1）了解电机控制器的组成。

（2）了解电机控制器的分类。

技能目标：

（1）能在电机控制器实物中识别出各个部件。

（2）能阐述电机控制器的工作原理。

素质目标：

　　（1）通过对电机控制器的学习，了解国内纯电动汽车核心技术的发展状况，引导学生要敢为人先，不断创新，培养学生奋发图强、报效国家的精神。

　　（2）通过阐述电机控制器的工作原理，培养学生基本的语言表达能力，提高学生的总结分析能力。

　　（3）通过识别电机控制器实物中的部件名称，培养学生将抽象理论与现实产品相结合的方法。

三、知识链接

电机控制器又称智能功率模块，它可以实时监测驱动电机的工作状态并通过数据总线传输给其他控制单元，也可以通过数据总线接收相关控制指令，还能根据车辆运行的需要将动力电池的直流电与驱动电机的交流电进行逆变或整流，从而控制驱动电机与动力电池之间的电能量转换。

（一）电机控制器组成分类

纯电动汽车的电机控制器主要由壳体、高低压连接器、电子控制单元、电气控制单元、电气功率元器件等组成，其中电气功率元器件主要为IGBT（绝缘栅双极型晶体管）集成功率模块，是电气控制器的核心部件。电机控制器类型分为独立式和非独立式两种，这里以非独立式为例。

（二）非独立结构式电机控制器结构及特点

1. 安装位置

2018款比亚迪E5的电机控制器安装在车辆前舱内的高压电控总成内部，2018款比亚迪E5高压电控总成，如图3-1-1所示。

图3-1-1　2018款比亚迪E5高压电控总成

2. 结构

2018款比亚迪E5的电机控制器是高压电控总成的一部分，这里主要讲解电机控制器相关的外部和内部结构。

（1）电机控制器外部结构。

高压电控总成的外部接口分为高压接口和低压接口两部分。除此之外，在高压电控总成上还有冷却管路的进水口和出水口，用于连接高压电控总成内的冷却管路。

在这款纯电动汽车中，电机控制器是高压电控总成的一部分，与电机控制器功能相关的外部高压接口有电池包高压直流电输入接口（即直流电母线正极接口、直流电母线负极接口）和电机控制器三相交流电输出接口（即驱动电机三相交流电输入接口），如图3-1-2、图3-1-3所示。

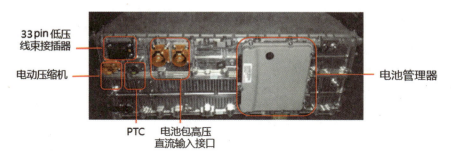

图3-1-2 电机控制器外部高压接口位置（电池包高压直流电输入接口）

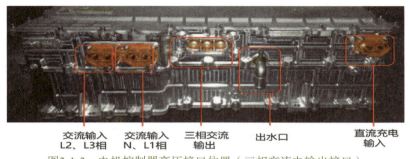

图3-1-3 电机控制器高压接口位置（三相交流电输出接口）

与电机控制器功能相关的外部低压接口是电机控制器低压输出接口，也称为64pin低压线束接插器，位于前机舱高压电控总成侧面，如图3-1-4所示。

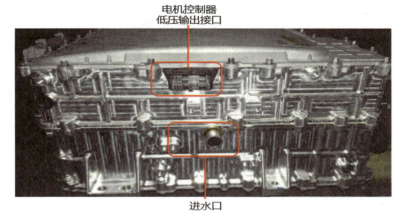

图3-1-4 电机控制器外部低压接口和进水口位置

除此之外，电机控制器内部是有冷却管路的，用于电机控制器的冷却与散热，分别连接高压电控总成上的进水口和出水口。

（2）电机控制的内部结构。

高压电控总成是将纯电动汽车的双向交流逆变式电机控制器（VTOG）、车载充电器（OBC）、高压配电模块和DC-DC转换器这4个高压电控装置合为一体，如图3-1-5所示，又称"高压四合一"，所以VTOG是高压电控总成的一部分。

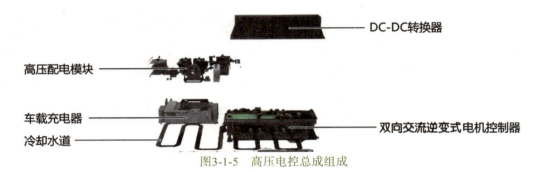

图3-1-5　高压电控总成组成

这种非独立结构的电机控制器，其主要由大容量薄膜电容（660μF母线电容总成、70μF、25μF）、VTOG高压电控总板、IGBT模块（IGBT驱动板和IGBT器件）、三相交流输出接触器、正极和负极霍尔电流传感器、VTOG电源电路板等组成，位置关系如图3-1-6所示。

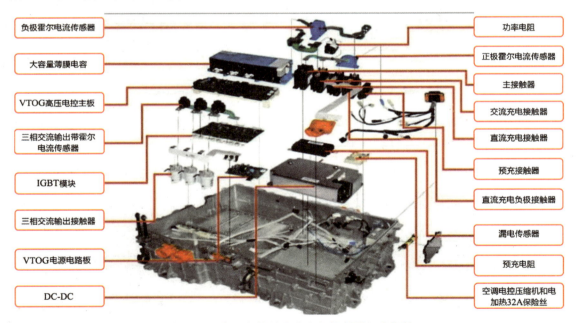

图 3-1-6　高压电控总成内电机控制器组成部件

① VTOG。

从结构上来看，VTOG是由上下两块电路板和中间冷却管路组成的，其中最上方的电路板为控制板，如图3-1-7所示；下方的电路板为IGBT驱动板，如图3-1-8所示；中间层为水道冷却管路。2018款比亚迪E5的IGBT驱动板的芯片采用1ED020I12FA2芯片，且IGBT总成固定于IGBT驱动板上，其控制极G、E通过弹簧与电路板上的电路连接，该总成上还有用于检测其工作温度的温度传感器（热敏电阻）。

图3-1-7　2018款比亚迪E5的控制板

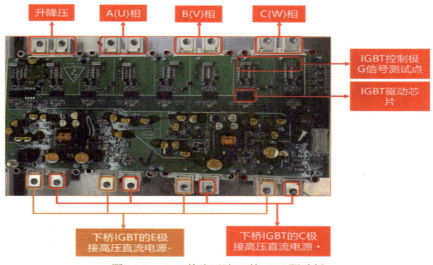

图3-1-8　2018款比亚迪E5的IGBT驱动板

而且，这款车的控制器预留有车辆对放电排插供电功能（VTOL）及车辆对车辆放电功能（VTOV），可通过转向盘上的按键进行设置。

② 大容量薄膜电容。

2018款比亚迪E5的电机控制器内部高压电路中的母线电容大容量薄膜电容。薄膜电容的耐压容量可以达到直流电1000V以上，改善了电容的防潮性和抗温度冲击能力，工作环境温度可达105～125℃。主要由母线电容总成、直流充电升压器的70μF电容及3个25μF电容总成等组成，如图3-1-9所示。

③ 霍尔电流传感器。

高压电控总成中采用了霍尔电流传感器来检测电流，电流传感器如图3-1-10所示。为检测电流方向，有的传感器采用了正极和负电源供电。一般需要在线检测霍尔电流传感器的性能好坏，先检查其是否有"+15V""-15V"的电源，若电源正常，则测试霍尔信号（"1V"对应100A）并与电源管理器的当前电流进行对比，从而判断霍尔电流的正常与否。

图3-1-9　2018款比亚迪E5母线电容

图3-1-10　2018款比亚迪E5电流传感器

④ 主动泄放模块和被动泄放模块。

为确保车辆安全，电机控制器内部同样设有主动泄放模块和被动泄放模块，这样确保车辆高压下电或碰撞下电时，能迅速将车辆高压电路中的高压电在规定的时间内泄放到60V以下。需要注意的是，2018款比亚迪E5电机控制器内部的主动泄放模块和被动泄放模块集成在控制板上，而不是独立的模块。

电机控制器组成

（三）电机控制器工作原理

在新能源汽车工作过程中，电机控制器可以通过驱动电机内部的温度传感器、旋变传感器和电机控制器内部的电流传感器监测驱动电机的工作状态，并根据从驱动电机控制器通过CAN总线传送的驾驶员操作指令工作，如图3-1-11所示。

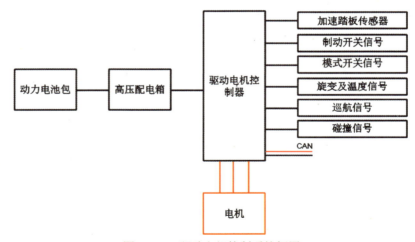

图3-1-11　驱动电机控制系统框图

其具体工作是进行能量的转换，即在车辆运行时将动力电池提供的高压直流电逆变成驱动电机工作需要的高压三相交流电；在车辆减速或制动时，将驱动电机产生的三相交流电整流成高压直流电，给动力电池补充电能。这里分别介绍电机控制器的逆变和整流原理。

1. 电机控制器逆变原理

当电机驱动车辆前行或倒退时，动力电池通过高压控制盒转化为高压直流电输送到电机控制器，电机控制器将动力电池的高压直流电逆变为三相交流电，供给驱动电机，用于驱动车辆行驶运行，即电能转换为机械能，如图3-1-12所示为直流电转换为交流电示意图。逆变的具体过程如下。

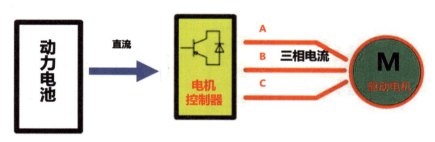

图3-1-12　直流电转换为交流电示意图

IGBT控制线路分别为IGBT3、IGBT5，IGBT1、IGBT6，ICBT2、IGBT4。当VCU控制IGBT3和IGBT5导通时，动力电池电流从电池正极流经IGBT3到驱动电机，从W相进、从V相出，通过IGBT5回到动力电池负极，形成回路，在驱动电机W相、V相产生磁场，与转子磁场相互作用，驱动转子转120°角，如图3-1-13所示。

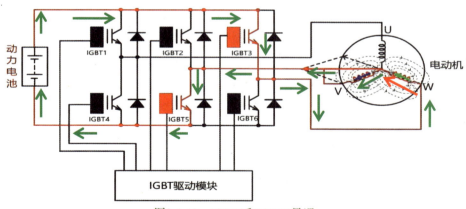

图3-1-13　IGBT3和IGBT5导通

IGBT组片连续不断地导通变化，在驱动电机绕组中形成连续的旋转磁场，根据电机原理，转子在旋转磁场的作用下形成旋转转矩。此外，改变IGBT1～IGBT6的触发信号的频率和时间，就能改变逆变器输入驱动电机定子绕组电流空间相量的相位和幅值，以适应驱动电机的驱动需要。

2．电机控制器整流原理

当车辆在行驶过程中减速或制动时，驱动电机转变为发电机，向电机控制器输送三相交流电，电机控制器根据数据总线传输过来的控制指令，将驱动电机输送过来的三相交流电整流成稳定的直流电，再通过高压控制盒，输送到动力电池，为动力电池充电，即电机控制器将驱动电机产生的三相交流电整流成相应的高压直流电给动力电池补充电能，实现能量（车辆动能转换为电能）回收，提高车辆续航里程，如图3-1-14所示为交流电转换为直流电示意图。

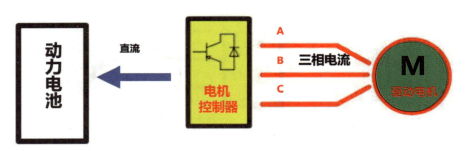

图3-1-14　交流电转换为直流电示意图

电机控制器的整流过程通过整流电路实现，整流电路主要由动力电池、电机控制器内部的二极管D1～D6、驱动电机组成。整流电路的具体控制是由二极管D的单向导通作用实现的。三相交流电整流电路导电的基本原理是二极管的阳极电位高于阴极电位时二极管导通，反之不导通。即共阴极组中阳极电位最高的二极管导通；共阳极组中阴极电位最低的二极管导通。整流的具体过程为：三相交流电整流电路是由一组共阴极电路和一组共阳极电路串联组成的，如图3-1-15所示。二极管D1、D2、D3是共阴极接法，二极管D4、D5、D6是共阳极接法。

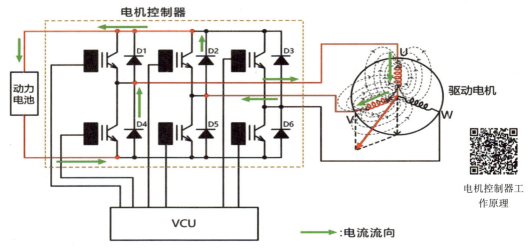

图3-1-15　电机控制器的整流电路工作原理

当V相电压最高，U相电压最低时，电流从V相流出，分别经过二极管D2、动力电池，通过二极管D4流入U相，形成回路。不同周期流经的线路不同，其电路波形，如图3-1-16所示，其中U、V、W三相的电压分别用U_U、U_V、U_W表示。

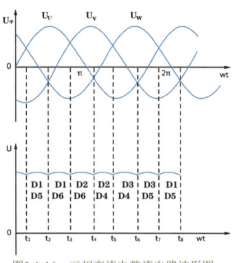

图3-1-16　三相交流电整流电路波形图

在$t_1 \sim t_2$周期，共阴极组中U点电位最高，D1导通；共阳极组中V点电位最低，D5导通。负载两端的电压为线电压U_{UV}。

在$t_2 \sim t_3$周期，共阴极组中U点电位最高，D1导通；共阳极组中W点电位最低，D6导通。负载两端的电压为线电压U_{UW}。

在$t_3 \sim t_4$周期，共阴极组中V点电位最高，D2导通；共阳极组中W点电位最低，D6导通。负载两端的电压为线电压U_{VW}。

在$t_4 \sim t_5$周期，共阴极组中V点电位最高，D2导通；共阳极组中U点电位最低，D4导通。负载两端的电压为线电压U_{VU}。

在一个周期中，每个二极管只有1/3的时间导通。负载两端的电压为线电压。

任务 3.2　典型电机控制器检修

一、任务导入

　　某中职院校新能源汽车技术专业的学生，通过前面的学习了解到典型电机控制器的组成以及结构原理。电机控制器作为新能源汽车电机驱动系统的核心之一，其重要性不言而喻，可当它出现故障时，我们又应该怎么样去检测呢？请学习相关知识，完成2018款比亚迪E5电机控制器的检测任务。

二、任务目标

知识目标：

（1）掌握电机控制器的组成。

（2）掌握电机控制器检修的思路。

技能目标：

（1）能在电机控制器实物中识别各个部件。

（2）掌握正确的检测方法。

素质目标：

（1）通过对电机控制器的学习，了解国内核心技术现状，引导学生要敢为人先，不断创新，培养学生奋发图强、报效国家的精神。

（2）通过识别电机控制器实物中的部件名称，培养学生将抽象理论与实物结构具体结合的思维方式。

（3）通过规范完成电机控制器检测任务，培养学生的动手操作能力，树立崇尚劳动的意识，进而培养学生的工匠精神。

三、知识链接

电机控制器，简称MCU。它能实时监测驱动电机的工作状态，并通过数据总线传输给其他控制单元。电机控制器在电机驱动系统中有着举足轻重的作用，接下来主要介绍电机控制器的检测方法。

四、任务实施

实训1　电机控制器检测

（一）任务准备

1. 操作规范

（1）在实训操作前，请穿戴好高压安全防护装备，做好安全防护。

（2）在对高压部件进行相关操作时，需佩戴高压绝缘手套，并规范地选用高压绝缘工具进行操作。

（3）在操作中，请正确选择并规范地使用相关的拆装和测量工具。

（4）培养学生发现问题、分析问题、解决问题的职业能力。

2．实训准备

（1）实训分组。

根据车辆及人员数量对学生进行分组，通常每组有3～4人，即1人操作、1人记录、1～2人作为安全员，完成"电机控制器检测"任务。

（2）工具准备。

① 常用工具：150件工具套装、绝缘工具套件、十字螺丝刀。

② 测量工具：万用表。

③ 专用工具：208接线盒、数字兆欧表、磁力吸棒。

（3）设备准备。

2018款比亚迪E5。

（4）人员防护用品。

工作服、绝缘鞋、棉布手套、高压绝缘手套。

（5）辅助资料。

维修手册、技能视频、学习工作页。

（二）任务实施

1．电机控制器高压线束绝缘检测

（1）高压维修开关总成拆卸。高压维修开关总成如图3-2-1所示。

① 在进行线束检测前需断开维修开关。

图3-2-1　高压维修开关总成

② 断开低压蓄电池负极。拆卸低压蓄电池负极之后，需等待15分钟，待车上电容元器件放电完毕后，才能进行下一步操作，如图3-2-2所示。

图3-2-2　断开低压蓄电池负极

③ 进入车内，抬起中控储物盒盖板，使用十字螺丝刀，拆卸中控台储物盒的4颗自攻螺钉，如图3-2-3所示。

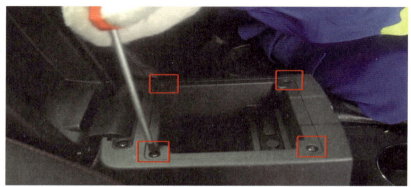

图3-2-3　拆卸中控台储物盒的4颗自攻螺钉

④ 取出储物盒，断开储物盒线束接插器，取下储物盒，如图3-2-4所示。

图3-2-4　断开储物盒线束接插器

⑤ 佩戴高压绝缘手套，松开动力电池高压维修开关总成保险器，拔出高压维修开关总成，如图3-2-5所示。

图3-2-5 拔出高压维修开关总成

（2）充配电总成验电盖拆卸。

① 使用十字套筒接杆、棘轮扳手组合工具，拆卸充配电总成验电盖的5颗固定螺栓。

② 使用TS25内五角套筒接杆、棘轮扳手组合工具，拆卸充配电总成验电盖的1颗定位螺栓。

③ 用手旋出验电盖的6颗固定螺栓，取下验电盖，如图3-2-6所示。

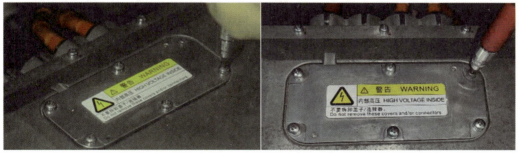

图3-2-6 拆卸充配电总成验电盖

（3）高压验电。

① 取出万用表进行校表，确保万用表能正常使用，如图3-2-7所示。

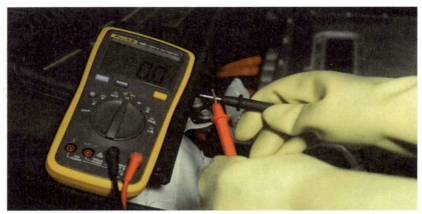

图3-2-7　检查万用表

②　将数字万用表调至直流电压挡，将万用表红黑表笔，分别连接至充配电总成高压输入和输出端子，检测充配电总成内部残余电量。若测量值大于0V，则应静置15分钟后再次测量，必须在正负极端子之间的电压值为0V后，才能进行下一步操作。

（4）电机控制器高压线束拆卸。

①　使用10mm套筒接杆、棘轮扳手组合工具，拆卸电机控制器高压母线端子的4颗固定螺栓，如图3-2-8所示。

图3-2-8　拆卸电机控制器高压母线端子的4颗固定螺栓

②　使用10mm套筒接杆旋出电机控制器高压母线端子的4颗固定螺栓。

③　使用磁力吸棒，取出电机控制器高压母线端子的4颗固定螺栓，如图3-2-9所示。

图3-2-9　取出电机控制器高压母线端子的4颗固定螺栓

④ 拔出电机控制器正极高压母线和负极高压母线，如图3-2-10所示。

图3-2-10　拔出电机控制器正极高压母线和负极高压母线

（5）电机控制器高压线束绝缘检测。

① 取出电子兆欧表，将黑表笔连接至配电总成搭铁线束，如图3-2-11所示。红表笔连接电机控制器高压线束正极端子，如图3-2-12所示。

图3-2-11　黑表笔连接至配电总成搭铁线束

图3-2-12　红表笔连接电机控制器高压线束正极端子

②　调整测试挡位至1000V测试挡，打开测试按钮开始测试，等待数值稳定后记录数值，如图3-2-13所示。若测量值与标准值不符，则说明电机控制器高压线束或电机控制器存在绝缘故障，需进一步检修。以同样的方法检测电机控制器高压线束负极端子绝缘值，如图3-2-14所示，绝缘值应大于20MΩ。

图3-2-13　稳定后记录万用表数值

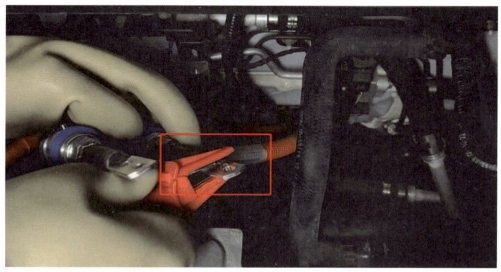

图3-2-14　电机控制器高压线束绝缘检测

（6）电机控制器高压线束安装。

按照拆卸相反的步骤进行安装。

2. 电机控制器低压电路检测

（1）电机控制器双电路电路检测。

电机控制器低压接插器的10号和11号针脚为IG3供电端，9号和14号针脚为电机控制器的CAN通信端。5号针脚为碰撞传感器信号端。1号、6号和8号针脚为电机控制器低压电路图，如图3-2-15所示。电机控制器低压接插器端口，如图3-2-16所示。

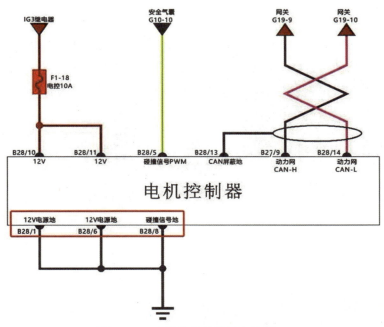

图3-2-15　电机控制器低压电路图

图3-2-16　电机控制器低压接插器端口

① 断开电机控制器低压线束接插器。当电机控制器低压线束电路检测时，需连接低压蓄电池负极。

② 取出万用表，检查万用表是否正常可用并校表。

③ 将万用表调整至直流电压测试挡。

④ 打开车辆电压开关。

⑤ 将红表笔连接电机控制器低压线束接插器B28/10针脚，黑表笔连接车身搭铁，检测电机控制器供电电压，如图3-2-17所示，待万用表数值稳定后，记录万用表数值，若测量值与标准值不符，则需进行电机控制器供电电路导通性测试，确认是否存在断路故障。以同样的方法检测电机控制器低压线束接插器B28/11针脚，如图3-2-18所示。

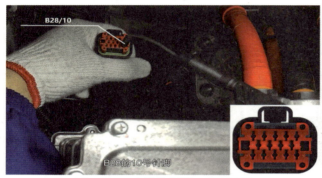

图3-2-17　电机控制器B28/10针脚　　　图3-2-18　电机控制器B28/11针脚

在测量时断开电机控制器低压线束接插器，连接低压蓄电池负极，并打开车辆电压开关至ON挡。测量电压在11～14V，如图3-2-19所示。

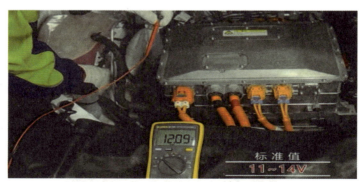

图3-2-19　电机控制器双电路检测

（2）电机控制器动力CAN网检测。

① 将红表笔连接电机控制器低压线束接插器B28/9针脚，黑表笔连接车身搭铁，测量动力网CAN-H信号电压值，等数值稳定后读取电压值。若检测值与标准值范围不符，则需检修动力网CAN-H信号电路。

② 将红表笔连接电机控制器低压线束接插器B28/14针脚，黑表笔连接车身搭铁，测量

动力网CAN-L信号电压值，等数值稳定后读取电压值。若检测值与标准值范围不符，则需检修动力网CAN-L信号电路。

③ 在测量时连接蓄电池负极电缆并打开车辆电源开关至ON挡，B28/9搭铁电压为2.5～3.5V，B28/14搭铁电压为1.5～2.5V。

（3）电机控制器碰撞信号电路检测。

① 将红表笔连接电机控制器低压线束接插器B28/5针脚，黑表笔连接车身搭铁，检测信号电压，待万用表数值稳定后，记录万用表数值。若测量值与标准值不符，则检修电机控制器的碰撞信号电路。

② 在测量时连接蓄电池负极电缆并打开车辆电源开关至ON挡，B28/5针脚搭铁电压标准值为8V。

（4）电机控制器搭铁电路检测。

① 关闭车辆电源开关。在检测电机控制器低压线束搭铁电路的电阻前，需断开低压蓄电池负极。

② 将万用表调整至电阻测试挡。

③ 将红表笔连接电机控制器低压线束接插器B28/8针脚，黑表笔连接车身搭铁，检测搭铁电路电阻，待万用表数值稳定后记录万用表数值。若测量值与标准数值不符，则说明搭铁断路故障，需进一步检修。

④ 以同样的方法，依次将红表笔连接到电机控制器低压线束接插器B28/1和B28/6针脚，黑表笔连接至车身搭铁，并分别记录测得的电阻值。若测量值与标准数值不符，则说明搭铁电路存在故障，需对搭铁电路进行维修。

⑤ 安装电机控制器低压线束接插器。

⑥ 安装低压蓄电池负极。

电机控制器低压接插器各端口测量参考，如表3-2-1所示。

电机控制器静态检测（2018款比亚迪 E5)

表3-2-1　电机控制器低压接插器各端口测量参考

万用表	红表笔	黑表笔	车辆电源	参考值	端子定义
电压挡	B28/10	连接车身搭铁	打开	11～14V	12V 电源+
电压挡	B28/11	连接车身搭铁	打开	11～14V	12V 电源+
电压挡	B28/9	连接车身搭铁	打开	2.5～3.5V	CAN-H
电压挡	B28/14	连接车身搭铁	打开	1.5～2.5V	CAN-L
电压挡	B28/5	连接车身搭铁	打开	8V	碰撞信号
电阻挡	B28/1	连接车身搭铁	关闭	>1Ω	
电阻挡	B28/6	连接车身搭铁	关闭	>1Ω	
电阻挡	B28/8	连接车身搭铁	关闭	>1Ω	

3．电机控制器常见部件检测

（1）电机控制器电容检测。

以母线电容总成为例进行电容检查。母线电容总成实际上包括5个电容，电容的检查一般使用电容表直接测量电容量，如果没有电容表，也可以用万用表电阻挡进行测量，但对于容量大的电容，由于充电时间太长，因此不便于检查，电容电路，如图3-2-20所示。

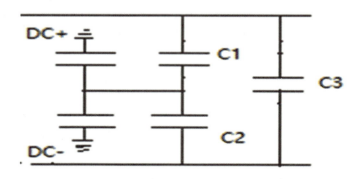

图3-2-20　电容电路

① 校准万用表。

② 将万用表调至电阻挡（200K）进行检测（具体按实际情况调整）。

③ 将万用表的表笔放置到电容两端，观察万用表数值。

④ 万用表数值持续上升，表示电容的充电功能正常，如图3-2-21、图3-2-22所示。

⑤ 将万用表的表笔对换，万用表数值持续下降，表示电容的放电功能正常，如图3-2-23、图3-2-24所示。

图3-2-21　万用表原数值

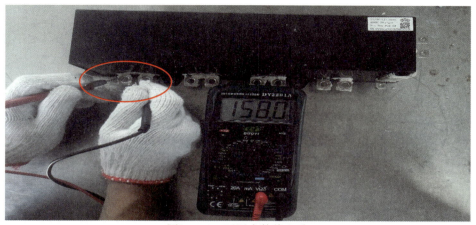

图3-2-22　万用表数值上升

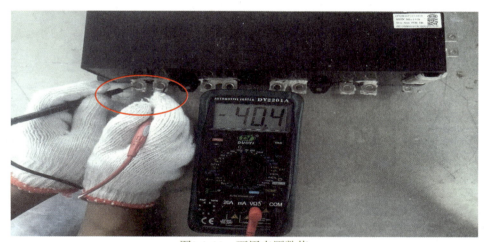

图3-2-23　万用表原数值

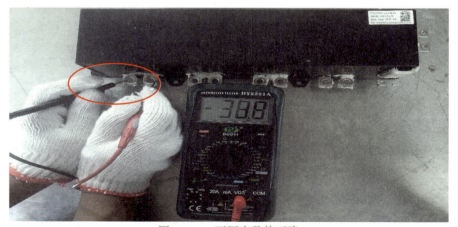

图3-2-24　万用表数值下降

⑥ 其他电容端口的检测步骤如上。

（2）电机控制器IGBT检测。

实际上上桥臂和下桥臂是由8个IGBT组成的，上桥臂和下桥臂分别由4个IGBT并联，再将上桥臂和下桥臂串接起来，如图3-2-25所示。

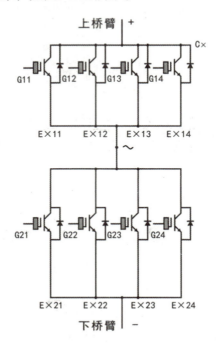

图3-2-25　IGBT电路

① 校准万用表。

② 将万用表调至二极管挡进行检测。

③ 将万用表表笔放置在IGBT两端，在IGBT未触发的状态下测量上桥臂"＋"与"～"之间的导通性（正向导通，反向不导通），如图3-2-26、图3-2-27所示。

图3-2-26　正向导通

图3-2-27 反向不导通

④ 将万用表表笔对换，在IGBT未触发状态下测量下桥臂"–"与"～"之间的导通性（正向导通，反向不导通），如图3-2-28、图3-2-29所示。

图3-2-28 正向导通

图3-2-29 反向不导通

⑤ 其他IGBT检测方法如上。

4．整理清洁

（1）将测量工具及实验元器件整理归位。

（2）按照7S管理标准，整理工具、场地和设备。

电机控制器拆装
与检测（IGBT 及
电容）

项目四　减速器总成结构原理与检修

任务 4.1　典型减速器总成结构与原理

一、任务导入

　　某中职院校新能源汽车技术专业的学生，通过前面的学习了解到电机驱动系统主要由驱动电机、电机控制器、减速器总成和电机驱动冷却系统组成。现班级要开始学习减速器总成的相关知识，老师提出三个问题：一、纯电动汽车为什么要有减速器总成？二、减速器总成由哪些部件组成？三、减速器总成是如何工作的？要求班级同学通过减速器总成基本组成与原理的学习，整理出这三个问题的答案。

二、任务目标

知识目标：

（1）了解减速器总成的结构及工作特点。

（2）理解减速器总成的工作原理。

技能目标：

（1）能阐述减速器动力传递路线。

（2）能正确区分减速器的工作原理。

素质目标：

（1）通过学习减速器总成的作用、类型，减速器总成的应用及组成特点，并从中融入思政元素，培养学生的大国工匠精神。

（2）通过学习减速器总成的组成，逐步培养学生将抽象理论与具体结构联系的思维方式。

（3）通过对减速器总成动力传递路线的表述，培养学生基本的语言表达能力，提高学生的总结分析能力。

三、知识链接

　　减速器总成是电机驱动系统的传动装置，它主要用于将驱动电机输出的驱动转速和转矩经过减速、增扭后，通过半轴传递给驱动车轮，从而驱动车辆行驶。一般情况下，纯电动汽车减速器总成与驱动电机的输出端相连接，安装于驱动桥上，如图4-1-1所示。纯电动汽车减速器总成大多采用具有固定传动比的二级减速器，这里主要介绍减速器总成的类型、作用、组成与原理。

图4-1-1　减速器总成安装位置

（一）减速器总成结构与工作特点

　　应用在纯电动汽车上的减速器总成，无论是电机驱动三合一驱动桥中的还是独立结构中的减速器总成，都是典型的单挡二级减速器总成，这里主要介绍这种减速器总成的安装位置、结构及工作过程。

1. 安装位置

　　电机驱动三合一结构是目前纯电动汽车应用较多的一种结构，这种电机驱动三合一结构中的电机控制器、驱动电机、主减速器组合在一起构成驱动桥总成。结构外部的高压线束直接连接至提供高压直流电的动力电池，减速器总成与驱动电机的输出轴连接安装在驱动电机的输出端，如图4-1-2所示。电机控制器、驱动电机和减速器总成都位于前机舱内充配电总成下部，如图4-1-3所示，2018款比亚迪E5驱动电机和减速器总成位于电机控制器下方。

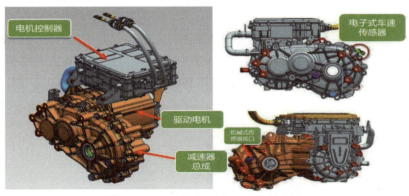

图4-1-2　2018款比亚迪E5动力总成图

图4-1-3　电机驱动三合一位置

2．减速器总成结构

单挡二级减速器总成，依靠两级齿轮副来实现减速增扭。其结构按功用和位置分为五大组件：左箱体、输入轴组件、中间轴组件、差速器（输出轴）组件、右箱体，2018款比亚迪E5减速器总成，如图4-1-4所示。动力由电机输入，经过二级减速齿轮减速将动力传至差速器，再由差速器将动力分配至两侧车轮。这里以2018款比亚迪E5减速器总成为例，介绍单挡二级减速器总成。

减速器总成结构（2018款比亚迪 E5）

图4-1-4　2018款比亚迪E5减速器总成结构

（1）箱体。

箱体由左右箱体两部分构成，如图4-1-5所示。它是减速器中所有零件的基座，是支撑和固定轴系部件、保证传动零件的正确相对位置并承受作用在减速器上的负荷的重要零件。箱体一般还兼作润滑油的油箱，具有充分润滑和良好的密封箱体零件的作用。

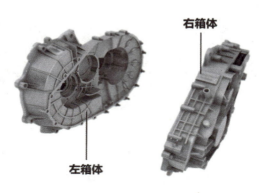

图4-1-5　箱体

输入轴组件结构（2018 款比亚迪 E5）

（2）输入轴组件。

减速器的输入轴组件其主要由减速器的输入轴、一级减速主动齿轮和轴承构成，如图4-1-6所示。输入轴的动力来自驱动电机。

（3）中间轴组件。

减速器的中间轴，也称为副轴，其主要由中间轴、一级减速从动齿轮、二级减速主动齿轮和轴承构成，如图4-1-7所示。输入轴的一级减速主动齿轮与中间轴的一级减速从动齿轮啮合，构成一级减速，其传动值为3.158。

副轴结构（2018 款比亚迪 E5）

（4）差速器。

差速器由差速器壳体、行星齿轮轴、2个行星齿轮、2个半轴齿轮和二级减速从动齿轮构成，如图4-1-8所示。差速器的功用是将二级减速从动齿轮的动力传递给左右两个半轴，并允许左右半轴以不同的转速旋转，使左右驱动轮相对地面滚动而不是滑动。差速器动力传递路线为：二级减速从动齿轮→差速器壳→行星齿轮轴→行星齿轮→半轴齿轮→左右半轴→左右驱动轮。根据左右两驱动轮遇到的阻力情况不同，差速器可使其等速转动或不等速转动。

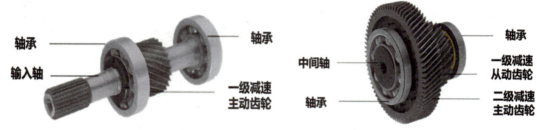

图4-1-6　输入轴组件　　　　　图4-1-7　副轴（中间轴组件）

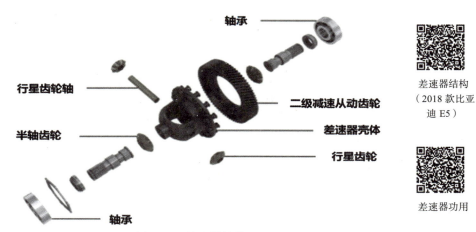

差速器结构
（2018 款比亚
迪 E5）

差速器功用

图4-1-8　差速器结构

3．减速器总成工作过程

2018款比亚迪E5的减速器采用的是两组齿轮实现降速增扭。下面将从行驶状态、减速或制动（前进）、倒车三个方面对2018款比亚迪E5减速器的动力传递路线进行讲解。

（1）行驶状态。

车辆前进驱动时，减速器的动力传递路线为：驱动电机（正转）→输入轴→一级减速主动齿轮→中间轴一级减速从动齿轮→中间轴二级减速主动齿轮→二级减速从动齿轮→差速器半轴齿轮→左右半轴→左右驱动轮，如图4-1-9所示。

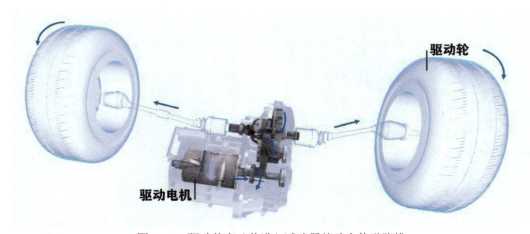

图4-1-9　驱动状态（前进）减速器的动力传递路线

（2）减速或制动状态（前进）。

车辆在前进挡状态下，当松开加速踏板/踩下制动踏板时，减速器的动力传递路线为：左右驱动轮→左右半轴→差速器半轴车轮→二级减速从动齿轮→中间轴二级减速主动齿轮→中间轴一级减速从动齿轮→输入轴、驱动电机，如图4-1-10所示。

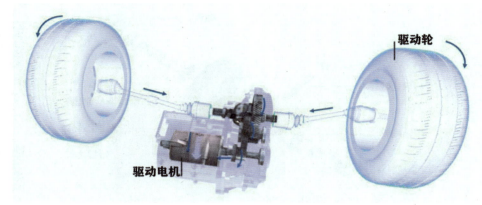

图4-1-10   减速或制动状态（前进）减速器的动力传递路线

（3）倒车。

车辆倒车时，减速器的动力传递路线为：驱动电机（反转）→输入轴→一级减速主动齿轮→中间轴一级减速从动齿轮→中间轴二级减速主动齿轮→二级减速从动齿轮→差速器半轴齿轮→左右半轴→左右车轮（反转），如图4-1-11所示。

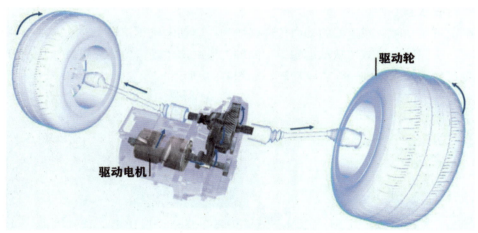

图4-1-11   倒车时减速器的动力传递路线

（二）减速器总成工作原理

新能源汽车在工作过程中，驱动电机产生的驱动力传递至减速器总成输入轴的主动齿轮，经过一级或二级减速增扭后传递给差速器进行动力分配，再通过两侧的传动轴将动力传递给车辆驱动轮，驱动车辆行驶。在减速器总成内部的轮系减速机构中，主动齿轮与从动齿轮啮合，主动齿轮的齿数少于从动齿轮的齿数，根据减速器的转速比与主从动齿轮的齿数比成反比，所以当动力源（如驱动电机）高速运动时，通过减速器的输入轴的主动齿轮传动到输出轴的输出齿轮低速运动，从而达到减速的目的，如图4-1-12所示。

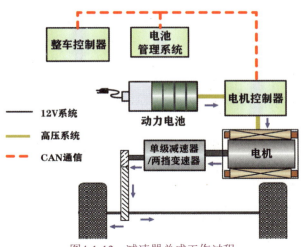

图4-1-12　减速器总成工作过程

任务 4.2　典型减速器总成检修

一、任务导入

　　某中职院校新能源汽车技术专业的学生，通过前面的学习了解到典型减速器的组成以及结构原理。减速器作为电机驱动系统的重要组成部分，有着不可忽视的作用。现老师要求班级对减速器进行检修，请学习相关知识，完成2018款比亚迪E5减速器的检修任务。

二、任务目标

知识目标：

（1）了解减速器总成的结构。

（2）掌握减速器总成检修的思路。

技能目标：

（1）能够正确拆装减速器。

（2）掌握减速器的检修方法。

素质目标：

（1）通过学习减速器总成的组成，逐步培养学生将抽象理论与具体结构联系的思维方式。

（2）通过对减速器总成动力传递路线的表述，培养学生基本的语言表达能力，提高学生的总结分析能力。

（3）通过规范完成减速器总成拆解与检测任务，培养学生的动手操作能力，树立崇尚劳动的意识，进而培养学生的工匠精神。

三、知识链接

减速器总成是电机驱动系统的传动装置。它主要用于将驱动电机输出的驱动转速和转矩经过减速和增扭处理后，通过半轴传送给驱动车轮，从而使车辆行驶。减速器的好坏关系到电机驱动系统的性能，接下来主要介绍的是减速器总成的检修方法。

四、任务实施

实训 1　减速器总成拆解与检测

（一）任务准备

1．操作规范
（1）在实训操作前，请穿戴好个人安全防护用品。

（2）准备好实训所需设备及工具。

（3）在操作中，请正确选择并规范地使用相关的拆装和测量工具。

（4）帮助学生树立严谨踏实的工作态度和钻研技术的决心。

2．实训准备
（1）实训分组。

根据车辆及人员数量对学生进行分组，通常每组有3～4人，即1人操作、1人记录、1～2人作为安全员，完成"减速器总成拆解与检测"任务。

（2）工具准备。

① 常用工具：150件工具套装、接油盘、大力钳、定扭式扭力扳手、清洁刷、指针式扭力扳手、小一字螺丝刀。

② 测量工具：钢尺、游标卡尺。

③ 专用工具：螺纹胶、密封胶、润滑油、橡胶锤、铲刀。

（3）设备准备。

2018款比亚迪E5。

（4）人员防护用品。

工作服。

（5）辅助资料。

维修手册、技能视频、学习工作页。

（二）任务实施

1. 减速总成结构的拆卸

（1）差速器半轴、输入轴拆卸。

① 为防止损伤部件，使用头部包裹胶带的一字螺丝刀拆卸差速器左侧半轴挡圈，如图4-2-1所示。

图4-2-1　拆卸差速器左侧半轴挡圈

② 使用头部包裹胶带的一字螺丝刀拆卸差速器左侧半轴密封圈，如图4-2-2所示。

③ 将差速器左侧半轴用抹布包裹后，再使用管钳进行固定，使用6号内角套筒接杆、棘轮扳手组合工具，拆卸差速器半轴固定螺栓，如图4-2-3所示。

图4-2-2　拆卸差速器左侧半轴密封圈　　　　图4-2-3　拆卸差速器半轴固定螺栓

④ 松开管钳并取下抹布，取下左侧差速器半轴，并放置于合适位置。

⑤ 以同样的方法拆卸右侧差速器半轴，使用头部包裹胶带的一字螺丝刀拆卸输入轴密封圈。

⑥ 使用头部包裹胶带的一字螺丝刀拆卸减速器与驱动电机结合密封圈。

（2）减速器前后箱体分离。

① 使用10mm套筒接杆、指针式扭力扳手组合工具，按对角线顺序预松差速器的6颗固定螺母，如图4-2-4所示。

② 使用10mm套筒接杆、棘轮扳手组合工具，按同样的顺序拆卸差速器的6颗固定螺母，取下差速器固定螺母并妥善放置。

③ 使用10mm套筒接杆、指针式扭力扳手组合工具，按对角线顺序预松减速器内侧的13颗固定螺栓，如图4-2-5所示。

图4-2-4　预松差速器的6颗固定螺母

图4-2-5　预松减速器内侧的13颗固定螺栓

④ 使用10mm套筒接杆、棘轮扳手组合工具，按同样的顺序拆卸减速器内侧的13颗固定螺栓，取下减速器内侧的13颗固定螺栓并妥善放置。

⑤ 使用10mm套筒接杆、指针式扭力扳手组合工具，按对角线顺序预松减速器外侧的5颗固定螺栓，如图4-2-6所示。

图4-2-6　预松减速器外侧的5颗固定螺栓

⑥ 使用10mm套筒接杆、棘轮扳手组合工具，按同样的顺序拆卸减速器外侧的5颗固定螺栓，取下减速器外侧的5颗固定螺栓，并妥善放置。

⑦ 使用头部包裹胶带的一字螺丝刀轻撬减速器壳体，将减速器前箱体与后箱体分离。在拆分箱体时，前箱体上的磁体会从磁铁槽中掉出，需及时收捡，以免丢失；在拆分过程中，请保护好前箱体与后箱体接触面，防止接触面损伤，如图4-2-7所示。

图4-2-7　头部包裹胶带的一字螺丝刀轻撬壳体

（3）减速器齿轮传动机构拆卸。

① 取出磁铁并妥善放置，如图4-2-8所示。

图4-2-8　取出磁铁

② 取下差速器齿轮轴垫圈，如图4-2-9所示。

③ 轻轻晃动，取下差速器齿轮轴并妥善放置，如图4-2-10所示。

图4-2-9　取下差速器齿轮垫圈

图4-2-10　取下差速器齿轮轴

④　使用8mm套筒接杆、指针式扭力扳手组合工具，预松中间轴的3颗固定螺栓，如图4-2-11所示。

图4-2-11　预松中间轴的3颗固定螺栓

⑤ 使用8mm套筒接杆、棘轮扳手组合工具，拆卸中间轴的3颗固定螺栓。轻轻晃动取出中间轴并妥善放置，如图4-2-12所示。

⑥ 使用8mm套筒接杆、指针式扭力扳手组合工具，预松输入轴的6颗固定螺栓。使用8mm套筒接杆、棘轮扳手组合工具，拆卸输入轴的6颗固定螺栓，如图4-2-13所示。

⑦ 轻轻晃动取出输入轴并妥善放置，如图4-2-14所示。

图4-2-12　取出中间轴

图4-2-13　预松并拆卸输入轴的6颗固定螺栓

图4-2-14　取出输入轴

2. 减速机构的清洁与检查

（1）减速机构的清洁。

① 取出油盆和清洁刷。

② 使用清洁刷清洁输入轴，如图4-2-15所示。

图4-2-15　清洁输入轴

③ 使用清洁刷清洁中间轴。

④ 使用清洁刷清洁差速器齿轮轴。

⑤ 回收油盆和清洁刷。

⑥ 使用铲刀铲除后箱体残余密封胶。

⑦ 使用抹布清洁后箱体密封面。

⑧ 使用铲刀铲除前箱体残余密封胶，如图4-2-16所示。

图4-2-16　铲刀铲除前箱体残余密封胶

⑨ 使用抹布清洁前箱体密封面。

（2）减速机构检查。

① 检查输入轴齿轮和轴承是否有缺齿、锈蚀和异常磨损等情况。若有，则应更换新的输入轴齿轮，如图4-2-17所示。

图4-2-17　检查输入轴齿轮和轴承

② 检查中间轴齿轮和轴承是否有缺齿、锈蚀和异常磨损等情况。若有，则应更换新的中间轴齿轮。

③ 检查差速器齿轮和轴承是否有缺齿、锈蚀和异常磨损等情况。若有，则应更换新的差速器齿轮，如图4-2-18所示。

图4-2-18　检查差速器齿轮和轴承

④ 检查前箱体外观和轴承外圈是否有损伤。若有，则应更换新的前箱体，如图4-2-19所示。

⑤ 检查后箱体外观和轴承外圈是否有损伤。若有，则应更换新的后箱体，如图4-2-20所示。

⑥ 检查减速器与驱动电机结合密封圈是否老化损坏。若有，则应更换新的密封圈，如图4-2-21所示。

图4-2-19　检查前箱体和轴承外圈

图4-2-20　检查后箱体外观和轴承外圈

图4-2-21　检查减速器与驱动电机结合密封圈

⑦ 检查左右两侧半轴密封圈和挡圈是否变形损坏。若有，则应更换新的密封圈和挡圈，如图4-2-22所示。

⑧ 检查输入轴密封圈是否老化损坏。若有，则应更换新的输入轴密封圈，如图4-2-23所示。

图4-2-22　检查左右两侧半轴密封圈和挡圈　　　　图4-2-23　检查输入轴密封圈

3. 减速器总成结构的安装

（1）按照拆卸相反的步骤安装减速器总成结构。

（2）减速器总成结构的测量调整。

① 将直尺放置于前箱体结合面上，再将游标卡尺放置于直尺上，使用游标卡尺和深度测量尺，测量前箱体结合面至差速器轴承座安装端面的深度，并记录测量数值，如图4-2-24所示。

图4-2-24　测量前箱体结合面至差速器轴承座安装端面的深度

② 调整直尺的位置，使用游标卡尺测量前箱体结合面至差速器轴承座安装端面的深度，多次测量。查看测量结果中最稳定或最接近的数值，并将其确定为差速器轴承座安装端面的深度值L。

注意事项：测量前箱体结合面至差速器轴承座安装端面的深度，可以得到多个数值。

要确定正确的深度值，可以进行多次测量，并找到最稳定和最接近的数值。

③ 以同样的方法测量差速器齿轮轴至后箱体结合面的高度H。

④ 用测量的深度减去测量的高度，所得的数值即为差速器轴调整垫片的厚度，标准如表4-2-1所示。

整垫片厚度=轴承座安装端面的深度值L－齿轮轴至后箱体结合面的高度H。

表 4-2-1　差速器轴调整垫片厚度

序号	厚度（mm）	序号	厚度（mm）	序号	厚度（mm）
1	0.60	7	0.90	13	1.20
2	0.65	8	0.95	14	1.25
3	0.70	9	1.00	15	1.30
4	0.75	10	1.05	16	1.35
5	0.80	11	1.10	17	1.40
6	0.85	12	1.15	18	1.45

（3）减速器前后箱体安装。

① 在减速器箱体结合面均匀涂抹密封胶，如图4-2-25所示。

图4-2-25　涂抹密封胶

② 将磁铁安装至后箱体上，如图4-2-26所示。

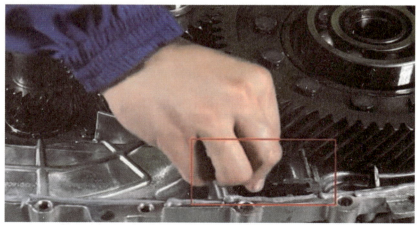

图4-2-26　安装磁铁

③ 安装合适厚度的差速器齿轮轴垫圈，如图4-2-27所示。

图4-2-27　安装差速器齿轮轴垫圈

④ 其余安装步骤继续按照与拆卸顺序相反的步骤进行。

4．整理清洁

（1）将测量工具及实验元器件整理归位。

（2）按照7S管理标准，整理工具、场地和设备。

减速器总成拆解
与检测（2018 款
比亚迪 E5）

项目五 电机驱动冷却系统组成原理与检修

任务5.1 典型电机驱动冷却系统组成与原理

一、任务导入

　　某中职院校新能源汽车技术专业的学生，通过前面的学习了解到电机驱动系统主要由驱动电机、电机控制器、减速器总成和电机驱动冷却系统组成。现班级要开始学习电机驱动冷却系统相关知识，老师提出两个问题：一、电机驱动水冷却系统由哪些零件组成？二、电机驱动水冷却系统是如何工作的？要求同学们通过电机驱动冷却系统基本组成与原理的学习，总结出这两个问题的答案。

二、任务目标

知识目标：

（1）了解电机驱动冷却系统的作用。

（2）理解电机驱动冷却系统的组成及工作原理。

技能目标：

（1）能概括电机驱动冷却系统的冷却过程。

（2）能简述电机驱动冷却系统的工作原理。

素质目标：

（1）通过讲解冷却不足、冷却过度带来的危害，培养学生在学习生活中，要放松但不能放纵，要适当得体、保持良好状态、应对生活的挑战。

（2）通过不同冷却方式的学习，了解不同结构可以采用不同冷却方式，培养学生的创新思维和审美素养。

（3）通过阐述电机驱动冷却系统的工作原理，培养学生基本的语言表达能力，提高学生的总结分析能力。

三、知识链接

纯电动汽车在行驶过程中，驱动电机、电机控制器的效率不能达到100%，并且会将部分能量转换成为热量，这样会使驱动电机、电机控制器等部件温度上升，影响驱动电机及电机控制器的正常工作和器件性能。电机驱动冷却系统可以在汽车行驶过程中，根据需求控制相应部件工作，将驱动电机和电机控制器等部件的温度控制在正常温度范围以内。

电机驱动冷却
系统功用

（一）电机驱动冷却系统的作用

新能源汽车在电机驱动与能量回收的工作过程中，电机驱动系统中的驱动电机和电机控制器会产生热量而使其温度上升。这些损耗以热量的形式向外发散，因此需要有效的冷却介质及冷却方式来进行散热，保证电机在一个稳定的冷热循环平衡的通风系统中安全可靠运行。

（二）电机驱动冷却系统的类型

电机驱动系统在工作过程中，可以通过驱动电机外壳和周围介质不断将热量散发出去，这个散发热量的过程，就称之为冷却。电机驱动系统主要冷却方式有：水冷方式、油冷方式和强迫风冷却方式。

（三）典型电机驱动冷却系统的组成

不同车型的电机驱动冷却系统不同，这里以2018款比亚迪E5为例，介绍电机驱动冷却系统的组成及特点。2018款比亚迪E5电机驱动冷却系统按照整车搭载平台不同可分为两种：一种搭载了高压电控总成的四合一平台，电机控制器集成在高压电控总成中；另一种是搭载了充配电总成的三合一平台，电机控制器是独立的部件。两者之间因电机控制器是否独立，而导致冷却循环过程稍有差异。

1. 2018款比亚迪E5电机驱动冷却系统（四合一平台）

（1）组成。

2018款比亚迪E5电机驱动冷却系统（四合一平台）位于车辆前机舱内，如图5-1-1所示。其电机驱动冷却系统主要由储液罐、散热器、电动水泵、电动风扇和冷却管路构成，如图5-1-2所示。

① 电动水泵。

电动水泵的作用是对冷却液加压，保证其在冷却系统中循环流动。电动水泵是整个冷却系统中唯一的动力元器件，负责为冷却液的循环提供机械能。2018款比亚迪E5搭载的是四合一平台，其电动水泵安装在驱动电机前部底端，如图5-1-3所示。

② 电动风扇。

2018款比亚迪E5采用吸风式高低速2挡双风扇，如图5-1-4所示，它位于散热器的内侧，主要用来提高通过散热器芯的空气流速，增强散热器的散热能力，加速冷却液的冷却。

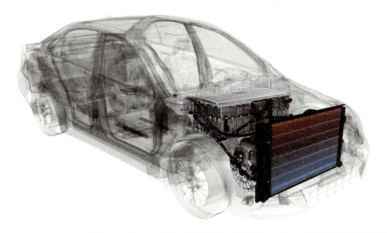

图 5-1-1　2018 款比亚迪 E5 电机驱动冷却系统（四合一平台）布置位置

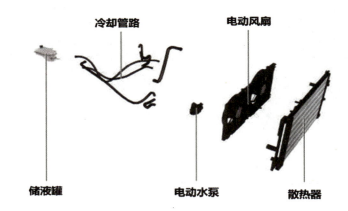

图 5-1-2　2018 款比亚迪 E5 电机驱动冷却系统（四合一平台）组成

图 5-1-3　2018 款比亚迪 E5 电动水泵图　　　　图 5-1-4　2018 款比亚迪 E5 风扇图

电动风扇的工作由主控器进行控制，通过水温传感器进行检测，由于空调系统冷凝器的散热也是借助电动风扇进行控制的，所以需参考空调请求状态共同决定电动风扇的控制，确保各系统在正常温度下工作。电动风扇工作条件，如表5-1-1所示。

表 5-1-1　电动风扇工作条件

温度检测点	低速请求	高速请求	限制功率输出	报警
冷却液温度	40°～50°	>55°	—	—
IPM 温度	53°～64°	>64°	—	>85°
IGBT 温度	55°～75°	>75°	>90°	>100°
电机温度	90°～110°	>110°	—	—

③ 散热器。

2018款比亚迪E5采用横流式散热器，如图5-1-5所示。空气从散热器芯外面通过，冷却液在散热器芯内流动，冷空气将冷却液散在空气中的热量带走，散热器实质上是一个热交换器，如图5-1-6所示。

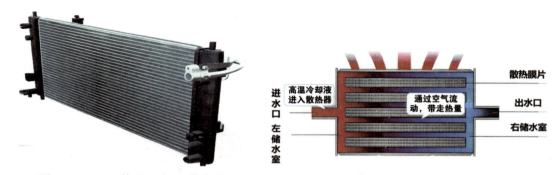

图 5-1-5　2018 款比亚迪 E5 散热器　　　　　图 5-1-6　横流式散热器工作原理示意图

（四）典型电机驱动冷却系统的工作原理

2018款比亚迪E5的电机驱动冷却系统采用强制循环式冷却，其工作原理，如图5-1-7所示。在纯电动汽车运行过程中，驱动电机的温度传感器和电机控制器内的温度传感器，实时将监测到的驱动电机和电机控制器的工作温度输送给电机控制器。当电机控制器判定电机驱动系统的驱动电机和电控制器温度较高需要散热时，相应控制器（如空调控制器、整车控制器）控制电动水泵和散热风扇工作，电机驱动冷却系统开始工作。

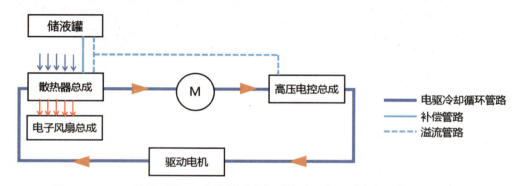

图 5-1-7　2018 款比亚迪 E5 电机驱动冷却系统（四合一平台）工作原理示意图

在电机驱动冷却系统工作的过程中，当循环回路内的蒸汽压力升高到某一值时，冷却液会通过溢流管进入储液罐；当循环回路中的冷却液温度下降时，冷却液从储液罐经补偿管路流入散热器，补充冷却循环回路的冷却液。

任务5.2　典型电机驱动冷却系统检修

电机驱动冷却系统工作过程（2018款比亚迪 E5）

一、任务导入

　　某中职院校新能源汽车技术专业的学生，通过前面的学习了解到典型电机驱动冷却系统的组成以及结构原理。电机驱动冷却系统能够将温度控制在适宜范围内，它是电机驱动系统中不可或缺的一环。现班级要求对电机驱动冷却系统进行拆装检测，请学习相关知识，完成 2018 款比亚迪 E5 典型电机驱动冷却系统检修任务。

二、任务目标

知识目标：

（1）了解电机驱动冷却系统的组成。

（2）理解电机驱动冷却系统的检修思路。

技能目标：

（1）掌握电机驱动冷却系统的检修方法。

（2）能正确使用检修工具。

素质目标：

（1）通过电机驱动冷却系统主要部件拆装，将理论与实际相结合，通过实物认识电机驱动冷却系统的组成部件，培养学生的认知，了解整体与局部的关系。

（2）通过电机驱动冷却系统检修，了解电机驱动冷却系统检修思路，使学生建立对故障的诊断思路，培养其遇事不冲动、冷静应对的心态。

三、知识链接

　　在纯电动汽车的工作过程中，电机驱动冷却系统起到调节温度的作用。但电机驱动冷却系统在工作过程中难免出现一些故障，为了解决这个问题，保持驱动电机和电机控制器等部件的温度在正常范围内，这里将重点介绍电机驱动冷却系统的检修方法。

四、任务实施

实训1　电机驱动冷却系统检修

（一）任务准备

1. 操作规范

（1）电机驱动冷却系统检修前需穿戴防护装备。

（2）电机驱动冷却系统检修前需完成车内外防护三件套的铺设。

（3）电机驱动冷却系统检修前需检查确认车辆状态正常。

（4）引导学生在学习生活中，要放松但不能放纵，把握好合适的度、保持良好状态、应对生活的挑战。

2. 实训准备

（1）实训分组。

根据车辆及人员数量对学生进行分组，通常每组有3～4人，即1人操作、1人记录、1～2人作为安全员，完成"电机驱动冷却系统检修"任务。

（2）工具准备。

冰点检测仪、电脑诊断仪、密封性测量工具套装。

（3）设备准备。

2018款比亚迪E5、工作台、油液收集器。

（4）人员防护用品。

棉布手套、绝缘鞋、车外三件套、车内三件套。

（5）辅助资料。

维修手册、技能视频、学习工作页。

（二）任务实施

1. 前期准备

（1）检测U相绕组绝缘电阻值。

（2）准备好实训所需的设备及工具，铺设车内防护三件套。

（3）安装车内、外防护三件套，如图5-2-1所示。

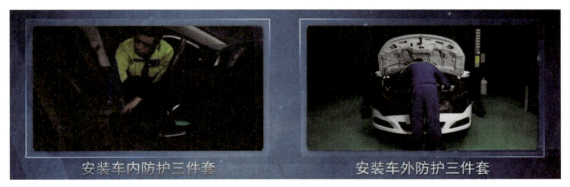

图 5-2-1　安装车内、外防护三件套

2. 电机驱动冷却系统在线检测

（1）连接诊断仪至车辆诊断接口，并确保连接可靠。

（2）打开车辆电源开关。

（3）打开诊断仪，进入诊断界面。

（4）选择对应车型。

（5）选择正确版本，进行全车模块自动扫描，如图5-2-2所示。

图 5-2-2　全车模块自动扫描

（6）扫描完成后，选择"前驱动电机控制器"模块。

（7）读取故障码，查看是否存在故障。若存在故障码，则请判断是否为真实故障。若不是，请删除；若是，则请根据故障码维修。

（8）读取"前驱动电机控制器"相关数据流，查看数据是否正常，如图5-2-3所示。

（9）检查完毕，退出诊断界面。

（10）关闭诊断仪电源开关及车辆电源开关，拔下诊断插头。

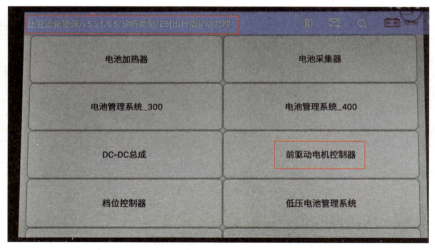

图 5-2-3　查看数据

3．电机驱动冷却系统基本检查

（1）冷却液液位及相关部件检查。

① 观察副水箱中冷却液的液位。确认液位处于max（最高）标记和min（最低）标记之间。若低于最低值，则请添加至标准位置，如图5-2-4所示。

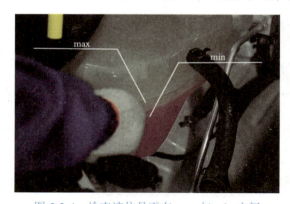

图 5-2-4　检查液位是否在 max 与 min 之间

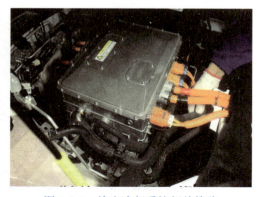

图 5-2-5　检查冷却系统相关管路

② 检查冷却系统相关管路是否有破损，如图5-2-5所示。

③ 检查冷却水泵及连接管路是否有泄漏及外观损伤，如图5-2-6所示。

④ 转动散热风扇，检查散热风扇是否有卡滞及损伤，如图5-2-7所示。

（2）冷却液冰点检测。

① 冰点测试仪校准。

A．取出冰点测试仪，并检查调整，如图5-2-8所示。

B．目视检查冰点检测仪外观是否良好。

C．使用棉布清洁冰点测试仪折光棱镜。

D．选用吸管吸取少量纯净水，滴于折光棱镜上，盖上盖板并轻轻按压平整，并确保没有气泡，如图5-2-9所示。

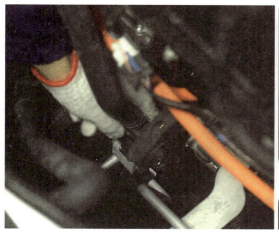

图 5-2-6 检查冷却水泵及连接管路

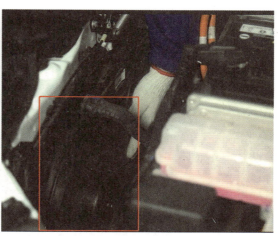

图 5-2-7 转动并检查散热风扇

图 5-2-8 冰点检测仪

图 5-2-9 滴取纯净水

E．通过目镜读取蓝白分界线相对刻度，即纯净水冰点值，纯净水冰点值一般为0℃，如图5-2-10所示。

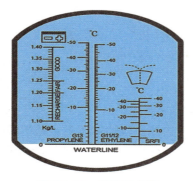

图 5-2-10 读取冰点值

② 冷却液冰点检测。

A．拆卸副水箱盖。

B．取出冰点测试仪，并清洁调整。

C．选用吸管吸取少量冷却液，滴在折光棱镜上，如图5-2-11、图5-2-12所示。盖上盖板并轻轻按压平整，并确保没有气泡。

图 5-2-11　吸管吸取少量冷却液　　　　　　　　图 5-2-12　滴在折光棱镜上

D．通过目镜读取蓝白分界线相对刻度，即冷却液冰点值，冰点一般低于-25℃，如图5-2-13所示。蓝白分界线相对刻度，如图5-2-14所示。

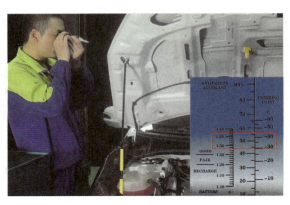 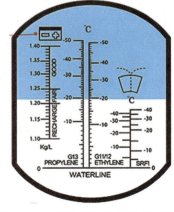

图 5-2-13　目镜读取冰点值　　　　　　　　图 5-2-14　读取蓝白分界线相对刻度

E．选用棉布清洁冰点测试仪，并将其妥善放置。

F．将吸管中多余的冷却液滴入副水箱中。

G．安装副水箱盖。

4. 电机驱动冷却系统密封性检测

（1）拆卸副水箱盖，安装压力测试仪快速接头，如图5-2-15所示。

（2）连接压力测试仪软管至快速接头上，如图5-2-16所示。

图 5-2-15　安装压力测试仪快速接头

图 5-2-16　安装压力测试仪连接软管

（3）使用压力测试仪打压至压力达到15kPa～45kPa之间，如图5-2-17所示。

（4）检查冷却液是否泄漏及压力是否下降。

（5）按压压力测试仪放气阀，如图5-2-18所示。

（6）待压力测试仪指针归零后，取下压力测试仪软管，如图5-2-19所示。

图 5-2-17　压力测试仪

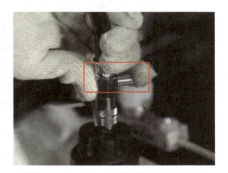

图 5-2-18　按压压力测试仪放气阀

图 5-2-19　取下压力测试仪软管

（7）拆卸压力测试仪快速接头。

（8）安装副水箱盖。

5．冷却液更换

（1）冷却液排放。

① 取下副水箱盖。

② 举升车辆至合适位置。

③ 使用10mm套筒接杆、棘轮扳手组合工具拆卸机舱底部护板的4颗固定螺栓。

④ 用手旋出4颗固定螺栓。

⑤ 使用卡扣起子拆卸机舱底部护板固定卡扣，取下机舱底部护板。

⑥ 将油液收集器放置在机舱底部合适位置，如图5-2-20所示。

⑦ 使用尖嘴钳拧松放水阀，排尽冷却液，如图5-2-21所示。

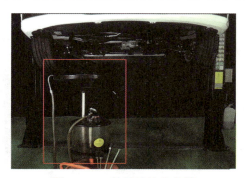
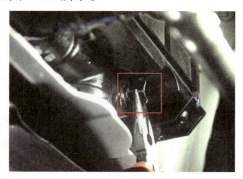

图 5-2-20　放置油液收集器　　　　　图 5-2-21　尖嘴钳拧松放水阀

⑧ 待冷却液排净后，使用尖嘴钳拧紧散热器放水阀。

⑨ 推走油液收集器，降下车辆。

（2）冷却液加注。

① 降下车辆。

② 将指定的冷却液倒入副水箱，冷却液系统的容量约为6.1L，如图5-2-22所示。

③ 安装副水箱盖，查看此时的冷却液液位，如图5-2-23所示。

图 5-2-22　倒入冷却液　　　　　　　图 5-2-23　查看冷却液液位

④ 安装低压蓄电池负极。

⑤ 通电使水泵运转约5分钟，然后将其断电。

⑥ 待电机和副水箱等已冷却，再次查看冷却液液位。

⑦ 拆卸副水箱盖，再次添加冷却液。

⑧ 安装副水箱盖，再次查看此时的冷却液液位。

⑨ 直至副水箱液位到达max（最高）标记处。

⑩ 多次重复起动车辆5分钟后，检查液位和添加冷却液的动作，直至不需要添加冷却液为止。

6. 整理清洁

（1）将测量工具及实验元器件整理归位。

（2）按照7S管理标准，整理工具、场地和设备。

电机驱动冷却
系统检修

实训2　电机驱动冷却系统主要部件拆装

（一）任务准备

1. 操作规范

（1）电机驱动冷却系统主要部件拆装前需穿戴防护装备。

（2）电机驱动冷却系统主要部件拆装前需完成车内外防护三件套的铺设。

（3）电机驱动冷却系统主要部件拆装前需检查确认车辆状态正常。

（4）通过项目检修及故障分析，培养学生发现问题、分析问题、解决问题的能力。

2. 实训准备

（1）实训分组。

根据车辆及人员数量对学生进行分组，通常每组有3～4人，即1人操作、1人记录、1～2人作为安全员，完成"电机驱动冷却系统主要部件拆装"任务。

（2）工具准备。

① 常用工具：世达150件工具套装。

② 测量工具：万用表。

③ 专用工具：208接线盒。

（3）设备准备。

2018款比亚迪E5汽车、工作台、油液收集器。

（4）人员防护用品。

棉布手套、绝缘鞋、车外三件套、车内三件套。

（5）辅助资料。

维修手册、技能视频、学习工作页。

（二）任务实施

1. 前期准备

（1）在实训开始前穿戴好个人防护用品。

（2）准备好实训所需的设备及工具，铺设车内防护三件套。

（3）安装车内外防护三件套，如图5-2-24所示。

图 5-2-24　安装车内外防护三件套

2. 电动水泵拆装与检测

（1）电动水泵拆卸。

① 使用水管钳，松开电动水泵出水管紧固卡箍，如图5-2-25所示。

② 断开电动水泵出水管，如图5-2-26所示。

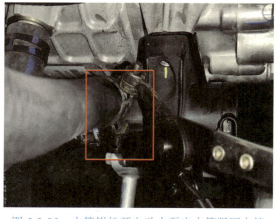
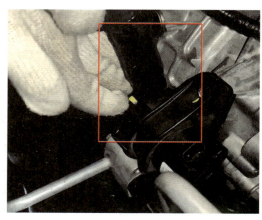

图 5-2-25　水管钳松开电动水泵出水管紧固卡箍　　　图 5-2-26　断开电动水泵出水管

③ 举升车辆至合适位置。

④ 使用水管钳，松开电动水泵进水管紧固卡箍，如图5-2-27所示。

⑤ 断开电动水泵进水管，如图5-2-28所示。

⑥ 从支架胶套中拆下电动水泵。

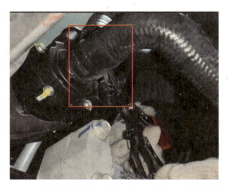

图 5-2-27　用水管钳松开电动水泵进水管紧固卡箍

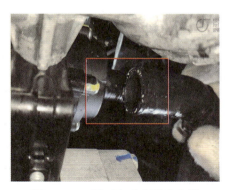

图 5-2-28　断开电动水泵进水管

（2）电动水泵检测。

① 目视检查电动水泵外观有无变形、破损等问题，如图5-2-29所示。

② 将数字万用旋转至电阻挡，并校表，如图5-2-30所示。

图 5-2-29　电动水泵外观

图 5-2-30　万用表校准

③ 选用合适的跨接线连接至电动水泵接插器的两端，如图5-2-31所示。

④ 将万用表的红黑表笔分别连接至跨接线的另一端，测量水泵电阻，等数值稳定后，读取万用表数值，标准值为10kΩ左右，如图5-2-32所示。若测量值与标准值不符，则需要更换电动水泵。

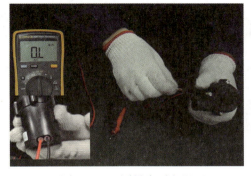

图 5-2-31　测量水泵电阻

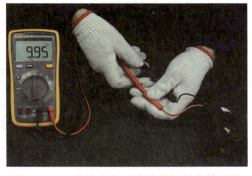

图 5-2-32　数值稳定后读数并与标准值比较

电动水泵电路检测内容及标准值，如表5-2-1所示。

表 5-2-1　电动水泵电路检测内容及标准值

序号	检测内容	标准值
1	电动水泵保险丝进端电压	11～14V
2	电动水泵保险丝出端电压	11～14V
3	电动水泵供电电压	11～14V
4	电动水泵搭铁电路电阻	<1Ω

（3）电动水泵安装。

按照拆卸的相反步骤进行安装。

电机驱动冷却系统
主要部件拆装-电动
水泵拆装与检测

4. 散热器总成检测

（1）散热器附件拆卸。

① 护板和保险杠拆卸。

A．使用10mm套筒接杆、棘轮扳手组合工具，拆卸机舱底部前护板与保险杠总成连接的6颗固定螺栓。

B．用手旋出6颗固定螺栓。

C．使用10mm套筒接杆、棘轮扳手组合工具，拆卸机舱底部前护板与车架连接的2颗固定螺栓。

D．用手旋出2颗固定螺栓，取下机舱底部前护板。

降下车辆至车轮着地，取下车外防护三件套。

两人配合操作拆卸前保险杠总成，并妥善放置，如图5-2-33所示。

图 5-2-33　拆卸前保险杠总成

② 水箱上横梁拆卸。

A. 抽出充电口罩盖拉线，放置在合适位置。

B. 断开前机舱盖锁总成线束接插器。

C. 取下前机舱盖开启拉索。

D. 使用卡扣起子拆卸前照灯总成相关线束的5个固定卡扣。

E. 拆下充电口总成，将其放置在合适位置。

F. 使用卡扣起子拆卸散热器上护板的3个固定卡扣。

G. 调整护板至合适位置。

H. 使用10mm套筒接杆、棘轮扳手组合工具，拆卸水箱上横梁的4颗固定螺栓。

I. 旋出水箱上横梁的4颗固定螺栓。

J. 取下水箱上横梁。

K. 取下散热器上护板。

（2）散热器总成拆卸。

① 使用水管钳，拆卸与散热器总成连接的上水管固定卡箍。

② 断开散热器总成上水管。

③ 以同样的方法拆卸散热器总成剩余的3根水管。

④ 断开散热器总成冷却风扇线束接插器。

⑤ 用手旋出散冷凝器左侧护板的2个固定螺帽。

⑥ 取出冷凝器左侧护板。

⑦ 将散热器总成向上提起，露出底部的2颗固定螺栓。

⑧ 使用10mm套筒接杆、棘轮扳手组合工具拆卸散热器与空调冷凝器连接的4颗固定螺栓，如图5-2-34所示。

图 5-2-34　拆卸散热器与空调冷凝器连接的 4 颗固定螺栓

⑨ 用手旋出4颗固定螺栓。

⑩ 垂直取出散热器总成。

（3）散热器总成解体检测与组装。

① 冷却风扇拆卸。

A．使用10mm套筒接杆、棘轮扳手组合工具，拆卸冷却风扇与散热器支架连接的3颗固定螺栓。

B．用手旋出3颗固定螺栓。

C．将冷却风扇从散热器总成上取下。

② 散热器检查。

A．目视检查散热器表面有无灰尘、杂物。

B．散热片是否有弯曲、变形问题，若弯曲或变形需及时更换。

C．管路接口是否有堵塞，若堵塞需及时清理。

③ 冷却风扇检查。

A．手动旋转冷却风扇，检查其是否有卡滞，若有请更换冷却风扇。

B．检查冷却风扇叶片是否有损坏，并确认冷却风扇上面的平衡块是否有缺失。若有，请更换冷却风扇。

C．取出万用表并校准确表。

D．将万用表的红黑表笔分别连接冷却风扇两端。

E．等数值稳定后，读取万用表数值。

④ 冷却风扇安装。

A．将冷却风扇定位卡扣与散热器定位孔对齐装入散热器上，确保冷却风扇与散热器安装到位。

B．用手旋入冷却风扇与散热器支架连接的3颗固定螺栓。

C．使用10mm套筒接杆、棘轮扳手组合工具，拧紧3颗固定螺栓。

（4）散热器总成安装。

按照与拆卸相反的步骤安装散热器总成。

6．整理清洁

（1）将测量工具及实验元器件整理归位。

（2）按照7S管理标准，整理工具、场地和设备。

电机驱动冷却
系统主要部件
拆装-散热器
总成检测

项目六　电机驱动系统的维护和检测

任务 6.1　电机驱动系统的维护

一、任务导入

　　某中职院校新能源汽车技术专业的学生，通过前面的学习了解到电机驱动系统主要由驱动电机、电机控制器、减速器总成和电机驱动冷却系统组成。现班级要开始学习电机系统维护相关知识，老师布置任务，描述如下：

　　黄先生驾驶的**2018款比亚迪E5**已行驶**46000km**，送入**4S**店维护，作为技术员，请你根据维修手册及技术标准完成对驱动电机的检查与维护。

二、任务目标

知识目标：

（1）了解纯电动汽车电机驱动系统维护项目。

（2）掌握纯电动汽车电机驱动系统维护的注意事项。

技能目标：

（1）能规范进行2018款比亚迪E5电机驱动系统的维护。

（2）能正确进行2018款比亚迪E5高压电控总成的检查与维护。

素质目标：

（1）通过规范进行维护保养作业，培养学生树立牢固的安全生产的理念，严格遵守持证上岗的制度要求，确保"无资质不上岗"，这既是对维修质量负责，更是对维修操作人员自身的生命安全负责。

（2）通过协作制订工作计划，培养学生的自主能力及团队协作意识。

（3）通过工学结合的方式，让学生提前适应工作岗位，避免在今后工作中发生欺瞒客户、夸大故障等现象，培养学生的诚实守信精神。

（4）通过规范完成驱动系统维护作业，培养学生的动手操作能力，树立崇尚劳动的意识，进而培养学生的工匠精神。

三、知识链接

新能源汽车驱动电机在实际使用过程中，若是出现故障问题，能够对电机功能的正常发挥产生影响，轻则影响汽车性能，重则能够对车内人员生命安全构成重大威胁。因此需要切实做好新能源汽车驱动电机方面的维护保养以及故障维修工作，以此增强新能源汽车的安全性以及稳定性，持续延长新能源汽车的使用寿命，从而更好地发挥新能源汽车的环保价值和作用。

（一）新能源汽车驱动电机维护保养

1. 日常维护保养

对新能源汽车驱动电机开展日常维护保养工作，有以下四个步骤：

（1）清洁。先对电机表面以及线路间存在的污垢进行清除，在实际清除过程中，需要检查是否存在破损问题。

（2）紧固。在完成清洁工作之后，开展紧固工作，主要是借助带有压力表的相应紧固螺丝刀，有效地对表面螺丝压力开展测试工作，从而对一些压力过小的螺丝实施紧固，如果有压力过大的螺丝同样需要调松（主要是为了避免出现断裂问题）。

（3）检查。仔细检查驱动电机是否存在变形问题、破损问题以及锈蚀问题，同时还需要判断其是否存在线路老化问题以及异响问题等。

（4）冷却系统检查。目的是检查电机以及电机控制器中冷却液的制冷效果，主要操作方式为捏紧相应的冷却液管，以此促使其水道当中的阻力增大，这样能够导致冷却液泵实际转速逐渐变小，从而出现声音变化。若是不存在声音变化，则证明水道当中冷却液未能循环，需要进行放气。

2. 定期维护保养

现阶段，新能源汽车驱动电机开展定期维护保养工作，有以下三个方面：

（1）绝缘检查。一般检查电路方面是否存在破损、老化以及短路或者是断路问题，具体操作方法主要为将驱动电机中的增量编码器相应旋变钮有效拧开，再借助绝缘电阻表进行检测，通常阻值需要 $\geqslant 500\,\Omega/V$（1000V）。

（2）过载检查。此项工作是对驱动电机现阶段的荷载能力进行检查，具体操作是对驱动电机进行过电，借助升压的方式来仔细观察仪表盘中的功率提升曲线本身是否处于平滑状态。

（3）外部检查。此项工作是指对电机还有电机控制器表面开展清洁工作，具体操作是借助空气压缩机来对驱动电机和电机控制器有效地吹压缩空气，在过程中严禁使用高压水枪或者是潮湿的布开展清洁工作。

3．电机驱动系统维护周期

（1）日常维护：1～2次/周，日常检查和维护驱动电机项目。

① 检查并清洁驱动电机的外观。

② 检查驱动电机插接件是否紧固。

③ 检查车辆在运行过程中驱动电机是否有异响。

（2）定期维护：半年或行驶10000km时，定期检查和维护驱动电机项目。

① 检查并清洁驱动电机的外观。

② 检查驱动电机插接件是否紧固。

③ 检查驱动电机螺栓是否坚固。

④ 检查驱动电机的绝缘性。

⑤ 检查车辆在运行过程中驱动电机是否有异响。

⑥ 检查驱动电机定子绕组的电阻值是否符合技术标准。

⑦ 检查驱动电机旋变传感器的电阻值是否符合技术标准。

⑧ 检查驱动电机温度传感器的电阻值是否符合技术标准。

4．注意事项

新能源汽车系统使用高压电路，不正确的操作可能导致电击或漏电。所以，在检修过程中拆卸、检查、更换零件时，必须注意下列事项。

（1）在检修前必须熟悉车辆说明书和电源系统说明书。

（2）在操作高压系统时断开电源。由于断开高压或辅助电源，有可能会导致系统内故障诊断代码被清除，因此必须检查读取故障代码后再断开电源。

（3）断开电源后放置车辆5分钟，需要对车辆系统内的高压电容器进行放电。

（4）佩戴绝缘手套，并确保绝缘手套没有破损。（注意：不要戴湿手套）

（5）高压电路的线束和连接器通常为橙色，高压零件通常贴有"高压"警示，在操作这些线束和附件时需要特别注意。

（6）在对高压系统进行操作时，在旁边放置"高压工作，请勿靠近"的警告牌。

（7）不要携带任何类似卡尺或测量卷尺等的金属物体，因为这些物件可能会掉落从而引起短路。

（8）拆下任何高压配线后，立刻用绝缘胶带将其绝缘。

（9）一定要按规定扭矩将高压螺钉端子拧紧。扭矩不足或过量都会导致故障。

（10）完成对高压系统的操作后，应再次确认在工作台周围没有遗留任何零件或者工具以及确认高压端子已经拧紧并与连接器连接。

（11）在检查驱动电机绝缘性时一定要断开高低压电，在断开插接件时注意安全。

（12）对纯电动汽车高压部件进行维护作业前，必须做好高压安全防护准备。

（二）高压电控总成的检查与维护

（1）注意事项。

① 在检查驱动电机控制器时一定要断开高低压电，在断开插接件时注意安全。

② 对纯电动汽车高压部件进行维护作业前，必须做好高压安全防护准备。

（2）维护设备。

① 检修仪器，配备专门的检修仪器，如普锐斯配备智能测试仪。

② 常用仪表，如电压表、欧姆表、绝缘测试仪等。

③ 专用工具，如螺丝刀、扳手等，这些常用工具必须具有绝缘措施。

④ 常用物料，如绝缘胶带、扎带等。

（3）维护人员防护。

① 佩戴绝缘手套。

② 穿防护鞋、工作服等。

③ 手腕、身上不能佩戴金属物件，如金银手链、戒指、手表、项链等物品。

（4）维护步骤。

① 检查高压电控总成表面是否有油渍、污垢，如图6-1-1所示。

图6-1-1　检查控制器表面是否有油渍污垢

② 检查高压电控总成冷却水管、接头处是否有渗漏，如图6-1-2所示。

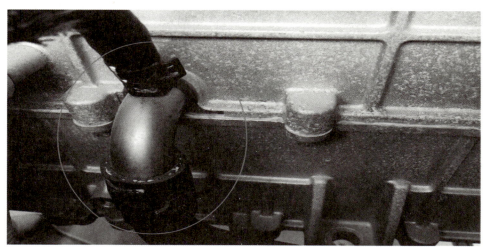

图6-1-2　检查冷却水管、接头处是否有渗漏

③ 检查高压电控总成连接器及插接件。

A．检查DC-DC充电输出端连接器是否正常，如图6-1-3所示。

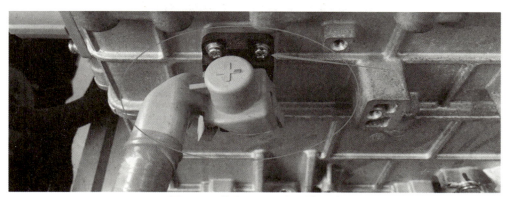

图6-1-3　检查DC-DC充电输出端

B．检查交流、直流充电插接件是否紧固，如图6-1-4所示。

图6-1-4　检查交流、直流充电插接件

C. 检查驱动电机连接器是否紧固，如图6-1-5所示。

图6-1-5　检查驱动电机连接器

D. 检查空调系统连接器及低压插接件是否正常，如图6-1-6所示。

图6-1-6　检查空调系统连接器及低压插接件

④ 检查驱动电机控制器附件高压线束有无老化、裂纹现象，如图6-1-7所示。

图6-1-7　检查高压线束

（5）清洁高压电控总成。

用高压气枪或干净抹布清除高压电控总成表面的灰尘、污垢。

注意：严禁使用水枪对驱动电机及高压部件喷水清洗。

（三）检查与维护减速器

1. 减速器的结构

以2018款比亚迪E5轿车为例，减速器结构图，如图6-1-8所示。

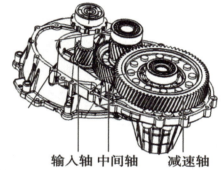

输入轴　中间轴　　减速轴

图6-1-8　减速器结构图

2. 减速器总成维护

（1）维护周期。

① 2018款比亚迪E5首次保修时间为行驶55000km时更换齿轮油，之后行驶每60000km更换一次。

② 2018款比亚迪E5减速器注油螺塞拧紧力矩大小为30N/m。

（2）维护工具准备。

① 检修仪器，配备专门的检修仪器，如Prius配备智能测试仪。

② 常用仪表，如电压表、欧姆表、绝缘测试仪等。

③ 专用工具，如螺丝刀、扳手等，这些常用工具必须具有绝缘措施。

④ 常用物料，如绝缘胶带、扎带等。

（3）维护人员防护措施。

新能源汽车使用高压电路，在检修前必须做好以下个人防护措施：

① 佩戴绝缘手套。

② 穿防护鞋、工作服等。

③ 手腕、身上不能佩戴金属物件，如金银手链、戒指、手表、项链等物品。

（4）维护步骤。

① 检查减速器外观。

A. 检查并清洁减速器的外观。

B. 检查减速器是否有磕碰、漏油情况，如图6-1-9所示。

图6-1-9　检查减速器的外观

② 检查紧固减速器螺栓。

减速器通过10颗螺栓与驱动电机连接，如6-1-10所示，拧紧力矩为25N/m。与车身连接的螺栓拧紧力矩为45N/m，如图6-1-11所示。

图6-1-10　驱动电机连接螺栓　　　　　图6-1-11　车身连接螺栓

③ 检查减速器半轴防尘罩密封情况。

检查减速器半轴防尘罩有无破损，润滑油有无泄漏，防尘罩卡箍有无松动情况，如图6-1-12所示。

图6-1-12　检查减速器半轴防尘罩

④ 检查和更换减速器润滑油。

A．检查减速器润滑油。

确认车辆是否处于水平状态，拆下油位螺栓是否与润滑油齐平。若齐平，则表示油位正常；否则，应补加相应规格的润滑油。

B．更换减速器润滑油。

a．下电，水平举升车辆。

b．拆下放油螺塞，如图6-1-13所示，排放废油。

图6-1-13　拆放油螺塞

c．将放油螺塞涂上少量密封胶，并按规定力矩拧紧。

d．拆下油位螺塞、进油螺塞。

e．按规定型号加注润滑油至规定油量。

⑤ 检查减速器是否有异响。

检查运行车辆减速器是否有异常噪声。若有，则做进一步拆解检查。

四、任务实施

实训1　电机驱动系统维护（2018款比亚迪E5）

（一）任务准备

1．操作规范

（1）电机驱动系统维护前需穿戴防护装备。

（2）电机驱动系统维护前需完成车内、外防护三件套的铺设。

（3）电机驱动系统维护前需检查确认车辆状态正常。

（4）通过实践训练，体现团队协作、规范操作、爱护设备的精神，培养维护人员遵纪守法、规范操作的职业道德。

2. 实训准备

（1）实训分组。

根据车辆及人员数量对学生进行分组，通常每组有3～4人，即1人操作、1人记录、1～2人作为安全员，完成"电机驱动系统维护"任务。

（2）工具准备。

① 常用工具：世达150件工具套装。

② 测量工具：万用表、绝缘测试仪、绝缘胶带、扎带。

③ 专用工具：208接线盒。

（3）设备准备。

2018款比亚迪E5、工作台。

（4）人员防护用品。

棉布手套、绝缘鞋、车外三件套、车内三件套。

（5）辅助资料。

维修手册、技能视频、学习工作页。

（二）任务实施

1. 前期准备

（1）穿戴好个人防护用品。

（2）铺设车内防护三件套。

（3）检查确认车辆状态是否正常。

（4）安装车内、外防护三件套。

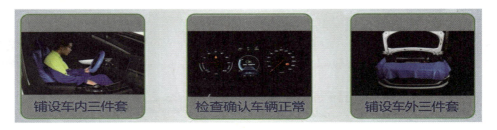

铺设车内三件套　　　检查确认车辆正常　　　铺设车外三件套

注意事项如下。

① 在使用诊断仪检查本系统时，确保在检查之前拔下维修开关。

② 确保电源开关（点火开关）关闭。

③ 从辅助蓄电池上断开负极端子电缆。

④ 务必穿戴绝缘手套、绝缘胶鞋、防护眼镜。

⑤ 拔出紧急维修开关，并将维修开关放置在指定位置由专人看管，以防其他技师重新连接。

2．驱动系统在线检查

（1）连接诊断仪至车辆，确保连接可靠。

（2）打开点火开关。

（3）打开诊断仪，选择对应车型，进入诊断界面，选择控制单元，读取动力模块、高压电控总成模块故障码。若存在故障码，请判断是否是真实故障。若不是，请删除；若是，请根据故障码维修。

（4）读取高压电控总成模块相关数据流，并根据读取结果判断高压电控总成模块是否存在故障，如图6-1-14所示。

图6-1-14　检查高压电控总成模块

（5）检查完毕，退出诊断界面。

（6）关闭诊断仪电源开关及车辆电源开关，拔下诊断插头。

3．高压电控总成维护

（1）整车高压系统断电。

① 断开蓄电池负极电缆，如图6-1-15所示。

 注意

A．低压下电后，需等待5～10分钟，等到高压系统残余电量释放完毕后，才能进行下一步操作。

② 断开高压维修开关总成，如图6-1-16所示。

 注意

B．在拆卸高压维修开关总成时，需佩戴高压绝缘手套，以免发生触电危险。

C．拆卸高压维修开关总成后，应将其锁在工具车内，以免他人误操作导致高压电意外接通。

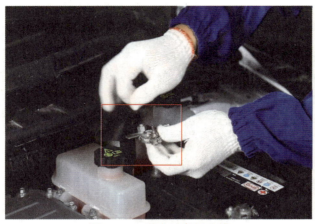

图6-1-15　蓄电池负极电缆

图6-1-16　高压维修开关总成

（2）高压电控总成基本检查。

① 用干净抹布清洁高压电控总成，检查其外观有无损伤、变形。

② 检查高压电控总成插接件连接是否可靠，如图6-1-17所示。

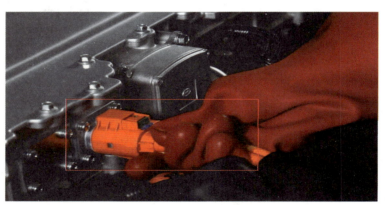

图6-1-17　检查高压电控总成插接件

4．驱动电机维护

（1）举升车辆至合适位置，并锁止举升机。

（2）检查驱动电机是否存在漏油、漏防冻液情况。

（3）检查驱动电机外观是否有碰撞、损坏等情况。

（4）选择15mm套筒接杆、棘轮扳手组合工具紧固驱动电机固定螺栓，如图6-1-18所示。

（5）降下车辆至轮胎着地。

图6-1-18　紧固驱动电机固定螺栓

5. 冷却系统维护

此步骤参考电机驱动冷却系统实训内容。

6. 减速器的维护

（1）基本检查。

① 举升车辆至合适位置，并锁止举升机。

② 旋转轮胎检查减速器是否有存在异响。

③ 检查减速器外观是否存在碰撞、本体及半轴是否有漏油等不良情况，如图6-1-19所示。

④ 使用24mm套筒接杆、指针式扭力扳手组合工具预松减速器加注口螺栓，如图6-1-20所示。

图6-1-19　检查减速器外观

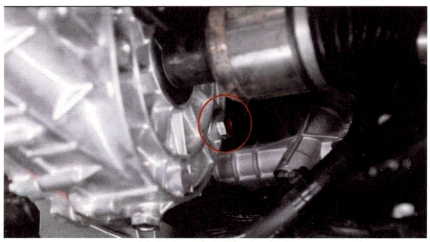

图6-1-20　减速器加注口螺栓

⑤ 用手旋出减速器加注口螺栓，通过齿轮油加注口观察油液是否缺少。

 注意

A．若润滑油与油位螺塞孔齐平，则说明油位正常。否则应补加规定的润滑油，直至油位螺塞孔口有少许齿轮油漏出为止。

B．2018款比亚迪E5齿轮油首次更换是在行驶24个月或40000km时，后续每24个月或行驶48000km后更换。

（2）齿轮油更换。

① 将废油回收器放置到合适位置。

② 使用24mm套筒接杆、指针式扭力扳手组合工具预松放油螺栓，如图6-1-21所示。

图6-1-21　减速器放油螺栓

③ 使用24mm套筒接杆、棘轮扳手组合工具拆卸放油螺栓。

④ 用手旋出放油螺栓。

⑤ 将齿轮油完全排净后用手旋入放油螺栓，如图6-1-22所示。

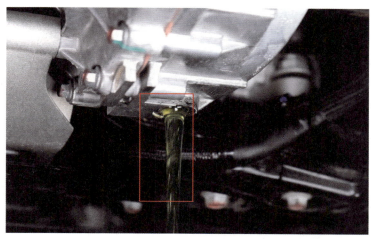

图6-1-22　齿轮油排空

⑥ 选用24mm套筒接杆、定扭式扭力扳手组合工具按规定力矩拧紧放油螺栓，规定力矩为30N/m。

⑦ 将齿轮油加注到齿轮油加注器中，如图6-1-23所示。

图6-1-23　齿轮油加注到齿轮油加注器中

⑧ 将齿轮油加注器的加注口放置到加油螺栓处进行加注，如图6-1-24所示。

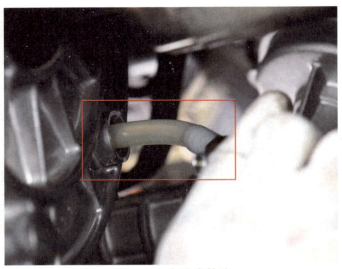

图6-1-24　加注齿轮油

⑨　取下齿轮油加注器，并妥善放置。

⑩　用手旋入加油螺栓。

⑪　使用24mm套筒接杆、定扭式扭力扳手组合工具按规定力矩拧紧放油螺栓，规定力矩为30N/m，如图6-1-25所示。

⑫　选用干净抹布清洁残余油液。

⑬　推出废油回收器，降下车辆至轮胎着地。

7．复检

（1）连接故障诊断仪。

（2）读取整车系统故障码，检查整车是否存在故障，如图6-1-26所示。

图6-1-25　拧紧放油螺栓

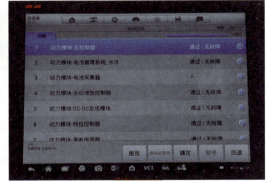

图6-1-26　整车系统故障码

8．整理清洁

按照7S管理标准，整理工具、场地和设备。

电机驱动系
统的维护

任务6.2 电机驱动系统的故障检测

一、任务导入

　　某中职院校新能源汽车技术专业的学生，通过前面的学习了解到电机驱动系统主要由驱动电机、电机控制器、减速器总成和电机驱动冷却系统组成。现有一辆纯电动汽车仪表故障灯点亮，但车辆仍不能行驶。经初步判断是电机及驱动系统存在故障，你的主管要求你进一步诊断并排除故障，你能完成这个任务吗？

二、任务目标

知识目标：

（1）掌握电机驱动系统常见故障的分析方法。
（2）能制订电机驱动系统常见故障的诊断排故流程。

技能目标：

（1）能规范地完成电机驱动系统常见故障的检修。
（2）提升故障分析思路和故障诊断能力。

素质目标：

（1）引导学生要敢为人先，不断创新，培养学生奋发图强、报效国家的精神。
（2）能够在工作过程中，与小组其他成员合作、交流并进行学习任务分工，具备团队合作和安全操作的意识。
（3）通过按照规范做实训准备工作，养成服从管理、规范作业的良好工作习惯。
（4）通过规范完成驱动电机控制器及相关电路故障诊断，培养学生的动手操作能力，树立崇尚劳动的意识，进而培养学生的工匠精神。

三、知识链接

　　面对新能源纯电动汽车故障检修，要先了解整个三电系统（电池、电机、电控系统）的电气和机械连接关系及其工作原理。在故障排除过程中，根据故障现象和故障码显示确定故障的大致范围，按照线路或实物图形，同时识别电机与电机控制器对应的每一个连接插头，始终向着使驱动电机正常运转的目标，进行综合分析、逐步排查并结合换件验证进行检修。这样就可以比较快速地找到故障点并将其排除，使车辆恢复正常使用性能。

（一）电机驱动系统常见故障分析

1. 电机驱动系统常见故障类型

电机驱动系统中的常见故障主要包括电机控制系统故障、逆变器故障和驱动电机故障等，如图6-2-1所示。

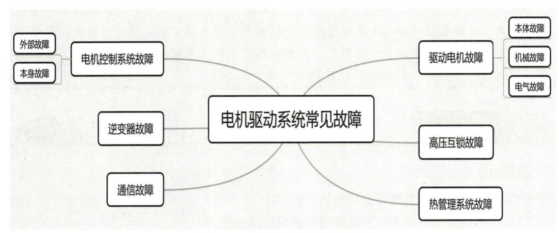

图6-2-1　电机驱动系统常见故障

（1）电机控制系统故障。

① 外部故障。

在新能源汽车上电机控制系统的首要任务是给定转速指令，实现调整永磁同步电机的转速，或按照驾驶员给定的指令，在特定的转速下稳定输出给定转矩。但在日常的使用过程中由于高温老化、机械震荡和校准误差等原因会导致三相电流电压传感器，转子位置传感器等产生故障，导致相应的测量参数不准确而无法实现精确的控制。CAN传输线可能会存在连线脱落、电路损坏等故障导致数据传输出现问题，进而导致整个电机驱动系统无法正常工作。其具体故障原因，如图6-2-2所示。

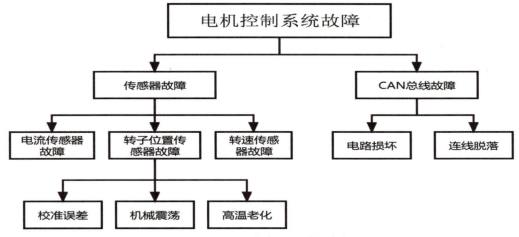

图6-2-2　电机控制系统外部故障

② 本身故障。

电机控制器本身故障会造成不能控制电机运转或运转方向、运转缓慢无力、运转不受控等故障，驱动电机控制器本身故障，如图6-2-3所示。

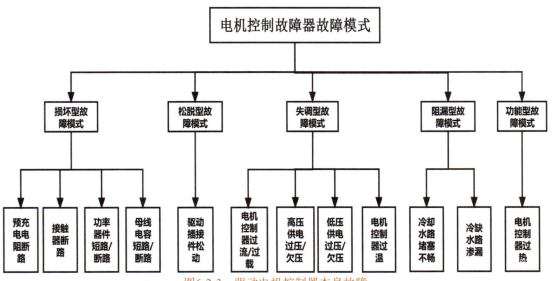

图6-2-3　驱动电机控制器本身故障

（2）逆变器故障。

逆变器是一种既能变频又能调压的功率转换元器件，主要功能是实现将新能源汽车上的直流负载电源转换为三相交流电机调速所需的交流电源。逆变器发生故障会对电机驱动系统产生严重影响。逆变器故障主要包括开关管短路故障和开关开路故障两种。开关管短路故障主要是由驱动电路短路、绝缘损坏或过压导致开关管反向击穿导致晶体管短路，如图6-2-4所示。

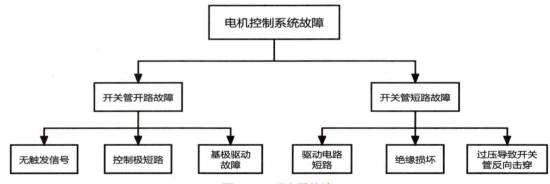

图6-2-4　逆变器故障

发生短路故障会导致电机绕组内部电流的急剧增加，生成导致电机转矩急剧减小的制动转矩，严重的情况甚至会导致电机停机甚至烧毁。开路故障是由于触发信号的缺失、控制极短路或基极驱动故障等导致的。开路故障会导致永磁同步电机内部三相定子电流的严重不平衡，会导致总输出功率下降并伴随铜损的急剧升高。

（3）驱动电机故障。

① 本体故障。

本体故障会造成电机不能运转、电机运转无力、电机过热、电机运行有噪声等故障，驱动电机本体故障模式，如图6-2-5所示。

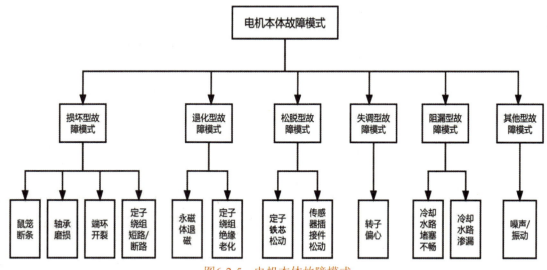

图6-2-5　电机本体故障模式

② 机械故障。

主要指定子铁芯损坏、转子铁芯损坏、轴承损坏和转轴损坏，其故障表现为因振动、润滑不充分、转速过高、静载过大、过热等原因而引起的磨损、压痕、腐蚀、电蚀和开裂等。

③ 电气故障。

主要包括定子故障和转子故障，定子故障主要包括绕组开路和绕组短路两大类，绕组开路主要是由于过热、振动或加工工艺等原因造成的。绕组短路故障主要包括匝间短路、相间短路、绕组接地和线圈间短路等，由于高温、受潮、电压冲击和摩擦等原因造成的绝缘失效。转子故障主要是永磁体退磁故障，主要是由于高温、退磁电流、老化和腐蚀等原因引起的。具体，如图6-2-6所示。

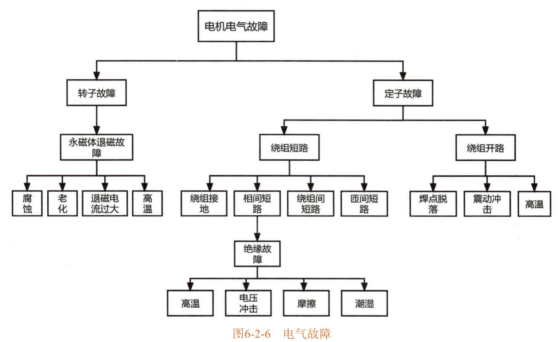

图6-2-6　电气故障

在永磁同步电机的所有故障类型中匝间短路故障、永磁体退磁故障、气隙偏心故障是最为常见的，轴承故障往往也会导致气隙偏心故障，因此在后面的章节中将以匝间短路、永磁体退磁和气隙偏心故障为典型的故障代表来介绍永磁同步电机的故障机理、特征，并对其影响因素进行简单的介绍，通过有限元模型和解析模型来分析不同故障对电机电信号和机械信号所带来的影响及其故障特征，最终依据不同的故障特征实现对不同故障类型的故障判定。

（4）通信故障。

电机控制系统（VCU）与其他车辆控制模块（如电机控制器、车载充电器）之间的通信故障可能导致系统无法正常工作。可能的原因包括通信线束损伤、连接器松动、控制模块故障等。

（5）高压互锁故障。

高压互锁系统的故障会导致车辆无法启动或充电。高压互锁回路，如图6-2-7所示，若导致互锁回路不连续或VCU检测不到高压互锁信号，则发生高压互锁故障。原因包括以下两点。

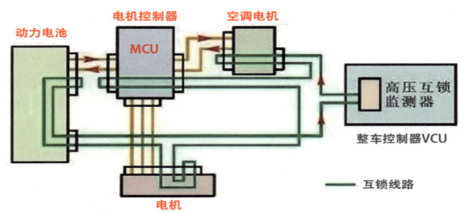

图6-2-7　2018款比亚迪E5电动车高压互锁回路

① 高压互锁回路断开：由于高压连接器未正确连接、高压线束损伤或高压元器件故障，导致高压互锁回路未形成闭合状态。

② 线束故障：高压互锁系统中的线束可能因为损伤、老化或接触不良而导致故障。

（6）热管理系统故障。

热管理系统的故障可能导致电机及控制器过热，从而影响电机及控制器的性能和寿命。其原因包括冷却系统泄漏、冷却泵故障、风扇故障、加热器故障等。

2．驱动电机不能运转的故障原因分析

驱动电机不能运转的故障原因有电源故障、CAN通信线路故障、线路故障、电机控制器故障、电机本身故障等，诊断思路，如图6-2-8所示，其诊断流程，如图6-2-9所示。

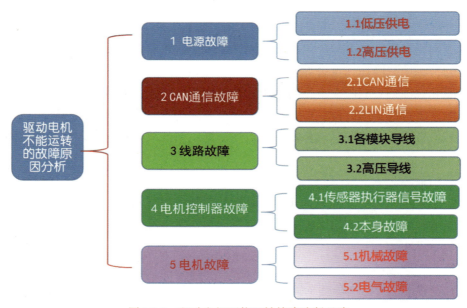

图6-2-8　驱动电机不能运转故障诊断思路

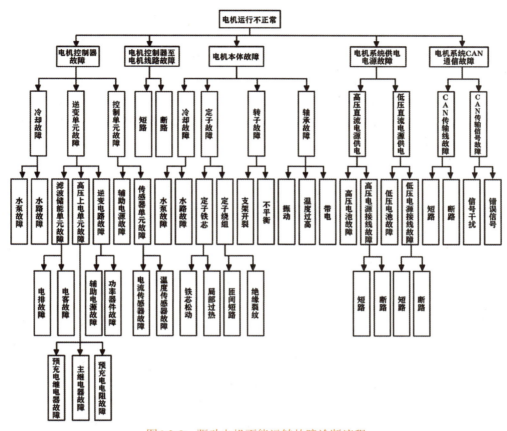

图6-2-9 驱动电机不能运转故障诊断流程

（1）确保车身控制器、电机控制器的电源正常。

车身控制器、电机控制器负责控制电机的工作状态，如果其供电异常，则可能导致整个电机驱动系统无法正常工作，进而影响车辆的上电与运行。检查电源线路和相关零件，以排除电源故障。

（2）检查电机控制系统（VCU）与其他车载控制器之间的通信。

确保通信线路无故障，硬件和软件正常工作，以便控制器可以接收到VCU的相关信号，从而控制电机驱动系统。

电机控制器内部会有来自车辆蓄电池的12V参考电源，以运行驱动电机传感器及其他处理器。当连接的参考电源电压过低或过高时，控制器将会实行自我关闭，并对外输出诊断故障码，具体检测步骤。

① 测量电机控制器低压连接器与电机控制系统保险丝之间的线路阻值。若线束阻值不符合标准，则维修或更换出现断路或短路的线路。

② 测量电机控制器低压连接器与车身接地之间的线路阻值。若线束阻值不符合标准，则维修或更换出现断路或短路的线路。

③ 检查电机控制器与电机低压端子线束电阻，若线束阻值不符合标准，则维修或更换出现断路或短路的线路。

（4）电机控制器（VTOG）故障。

电机控制器：负责控制电机的前进、倒退，维持新能源汽车的正常运转，从配电箱一路流向电机控制器的电量，由主控ECU根据驾驶员操作信息（接收加速踏板角度传感器和挡位控制器的信号）控制着电机控制器的工作，电机控制器主要控制流向电机的电量大小，以及控制电机正反转来驱动车辆前进或后退。

电机控制器内部包括有电机控制单元、逆变器控制单元等，这些部件都有集成电路及CPU单元，在正常运行过程中，系统会实时对其读写存储器的能力进行监测，这属于控制器的内部故障检测，一般不能进行维修处理，只进行更换。

（5）驱动电机故障。

① 电气故障。

驱动电机常见的电气故障有线路连接异常、电机绕组绝缘、短路、断路、断相运行等，可以借助万用表、兆欧表和数字电桥等检测工具进行检测。

② 机械故障。

驱动电机常见的机械故障主要有扫膛、振动、轴承过热、损坏等故障。轴承精度不合格及端盖内孔磨损或端盖止口与机壳止口磨损变形，使电机壳、端盖、转子三者不同轴心引起扫膛；转子动平衡不好、转轴转子弯曲，端盖、机壳与转子不同轴心，紧固件松动等会引起振动；轴承的配合太紧或太松会引起轴承过热而使轴承损坏。

3．驱动电机及控制器过热故障原因分析

不上电故障通常是由于电机与控制器冷却系统存在问题，导致车辆无法冷却或冷却效率低。为了排除过热故障，需要从表6-2-1所示的八个方面进行检查分析。

表 6-2-1　电机与控制器过热常见故障排除表

故障现象	故障部位	故障原因	解决方案
电机或控制器过热	冷却液缺少	冷却液缺少，未按维修手册添加冷却液	溢水罐处添加冷却液
	冷却液泄漏	环箍破坏，水管接口处冷却液泄漏	更换全新环箍，留存故障件
		水管破损，水管本身冷却液泄漏	更换全新水管，留存故障件
		散热器芯体破坏，芯体处渗漏冷却液	更换散热器芯体，留存故障件
		散热器水室开裂，水室外侧泄漏冷却液	更换散热器芯体，留存故障件
		散热器水室与散热器芯体压装不良，接缝处渗漏冷却液	更换散热器芯体，留存故障件
		散热器防水堵塞丢失，放水孔渗漏冷却液	更换散热器放水堵塞
	电动水泵	冷却液杂质，导致电动水泵堵转	更换系统冷却液
		电动水泵破损，泵盖/密封圈/泵轮破坏	更换电动水泵，留存故障件

（续表）

故障现象	故障部位	故障原因	解决方案
		整车线束故障，虚接/短路/断路等故障	查找线束故障，依据线束维修手册处理
		水泵控制器熔断丝/继电器熔断/插接件针	更换电动水泵，留存故障件
	散热器风扇	风扇控制器/继电器/插接件针脚退针	更换散热器风扇，留存故障件
		整车线束故障，虚接/短路/断路等故障	查找线束故障，依据线束维修手册处理
		扇叶破损/断裂，扇叶不工作	更换扇叶，留存故障件
		电机/控制器温度传感器故障，风扇不工作	查找电机/控制器故障，依据相应维修手册处理
	散热器	芯体老化，芯管堵塞	更换散热器
		散热带倒伏，影响进风量	更换散热器
		水室堵塞，影响冷却液循环	更换散热器
	前保险杠中网或下格栅	进风口堵塞	查找进风口故障，依据相应维修手册处理
	电机运行温度过高	负载过大	减轻负载
		电机扫膛	检查气隙及转轴、轴承是否正常
		电机绕组故障	检查绕组是否有接地，短路，断路等故障，予以排除
		电机冷却不良	检查冷却系统故障，予以排除
	电机控制器运行温度过高	负载过大	减轻负载
		电机线路故障	检查线路是否有接地，短路，断路等故障，予以排除
		电机控制器冷却不良	检查冷却系统故障，予以排除

（1）检查车辆是否缺少冷却液：观察膨胀水壶冷却液面，若缺少，则加注冷却液；若冷却液充足或加注后故障未消失，则进行下一步检查。

（2）检查驱动电机的冷却水管是否有泄漏：检查高压电控总成冷却水管、接头处是否有渗漏。

（3）检查水泵工作正常：水泵在工作过程中观察膨胀水壶有无冷却液循环不畅现象。对冷却系统进行水道堵塞排查。

（4）检查散热器风扇：高低速旋转是否正常。

（5）检查散热器：是否堵塞、变形，通过上下进出水口温度变化判断工作是否正常。

（6）电机运行温度过高：负载过大、电机扫膛、电机绕组故障、冷却不良都可引起运行温度过高。

（7）电机控制器运行温度过高：负载过大、控制器本身故障、冷却不良都可引起控制器运行温度过高。

（二）电机驱动系统故障检测与诊断流程

电机驱动系统的基本故障诊断策略基本流程，如图6-2-10所示。

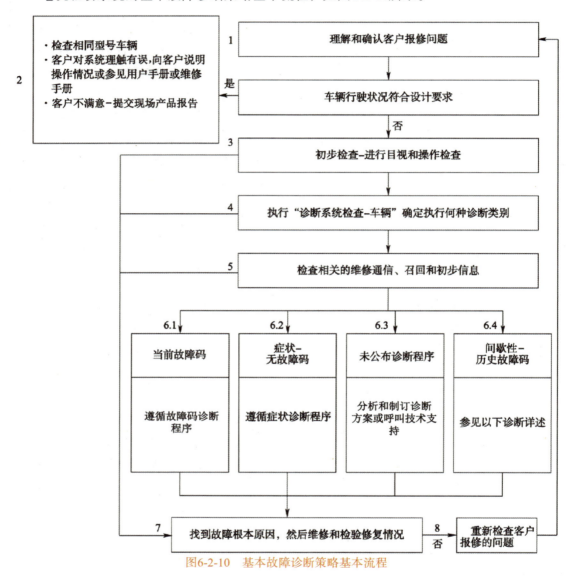

图6-2-10　基本故障诊断策略基本流程

（三）2018款比亚迪E5电机驱动系统实例分析与案例讲解

1. 故障实例一（CAN通信网络检测）

（1）实施要求。

本操作任务完成纯电动汽车电机驱动系统的故障诊断与排除。

（2）实施准备。

① 防护装备：绝缘防护装备。

② 车辆、台架、总成：2018款比亚迪E5、北汽EV160或其他纯电动汽车；或同类车型台架。

③ 专用工具、设备：对应车型故障诊断仪、万用表；或其他适用的设备。

④ 手工工具：新能源汽车维修组合工具。

⑤ 辅助材料：诊断与维修必要的保险丝等耗材。

（3）实施步骤。

2018款比亚迪E5根据车载网络中各节点对实时性的要求，设计了高、低速两个速率不同的CAN通信网络，如图6-2-11所示。CAN通信网络主要由启动网、舒适网、空调子网、动力网、ESC网和电池子网组成。其中，空调子网属于舒适网，电池子网属于动力网。每种信息传输网络的传输位速率不同，启动网和舒适网传输速率为125kbps，属于中速CAN；动力网和ESC网传输速率分别为250kbps和500kbps，都是高速CAN。

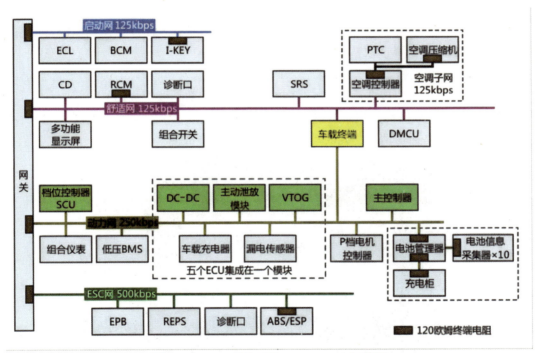

图6-2-11　2018款比亚迪E5 CAN-BUS拓扑图

（4）车载网络系统诊断仪检测。

① 取出2018款比亚迪E5专用诊断仪套件，如图6-2-12所示。连接诊断仪相关线束，连接VCDI无线诊断接口。

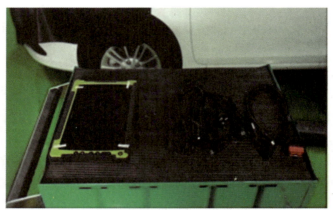

图6-2-12　2018款比亚迪E5专用诊断仪套

② 打开比亚迪专用诊断仪电源开关，待电源开启后，进入2018款比亚迪E5诊断系统，并读取车辆VIN码，选择读取整车数据。

③ 读取动力网数据。

A．等待车辆通信完成之后，单击VTOG，进入模块数据读取页面。

B．读取VTOG故障码，记录后清除故障码，然后重新读取故障码，如图6-2-13所示。

C．读取各网络通信情况，判断动力网总线是否存在故障。

图6-2-13　读取VTOG故障码

④ 读取动力电池子网数据。

A．退出VTOG后，单击电池管理系统，进入模块数据读取页面。

B．读取电池管理系统故障码，记录后清除故障码，然后重新读取故障码，如图6-2-14所示。

图6-2-14　查看电池管理系统数据流

C．读取各网络通信情况，判断动力电池子网是否存在故障。

（5）动力电池子网检测。

① 安装动力电池子网适配器。

A．断开低压蓄电池负极电缆。

B．取出2018款比亚迪E5电池管理系统适配器，如图6-2-15所示。连接电源线束，连接1号线束接插器，连接2号接插器，如图6-2-16所示。

图6-2-15　取出适配器

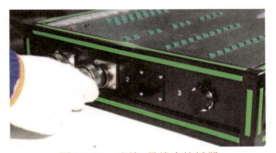

图6-2-16　连接2号线束接插器

C．断开车辆电池管理器三个线束接插器，如图6-2-17所示。

D．安装2018款比亚迪E5适配器车辆线束接插器。

E．安装蓄电池负极电缆。

F．安装电源正负极线束夹，如图6-2-18所示。

图6-2-17　断开电池管理器线束接插器

图6-2-18　安装电源正负极线束夹

G．安装适配器电源线，打开电源开关。

② 万用表校表。

A．打开万用表，调整到200Ω。

B．将万用表的红黑表笔对接，查看万用表的数值，若显示电阻值小于0.5Ω，则说明万用表正常。

③ 测量动力电池网电压。

A．选用万用表，并调整至交流电压测试挡。

B．将红表笔连接BK45（C）-8端子，黑色表笔连接车身搭铁。检查电池子网CAN-H工作电压值是否正常，正常电压值应在2.5～3.5V。

C．将红表笔连接BK45（C）-1端子，黑色表笔连接车身搭铁。检查电池子网CAN-L工作电压值是否正常，正常电压值应在1.5～2.5V。

④ 测量动力电池网电阻。

A．调整万用表至电阻200Ω测试挡。

B．将万用表红色表笔连接BK45（C）-8端子，黑色表笔连接BK45（C）-1端子，检查电池子网总线电阻。在线情况下标准电阻应为60Ω左右，若出现动力电池子网总线断路的情况，测量电阻则为120Ω左右。

⑤ 测量动力电池网波形。

A．选用手持示波仪，打开示波仪。

B．将示波仪红色表笔连接BK45（C）-8端子，黑色表笔连接端搭铁子，调试示波仪后，观察示波仪显示屏中的电池子网总线CAN-H波形。正常波形应该为矩形数字方波，无明显的突变，若有明显突变则说明有强烈干扰，可能存在故障。

C．将示波仪红色表笔连接BK45（C）-1端子，黑色表笔连接端搭铁子。调试示波仪后，观察示波仪显示屏中的电池子网总线CAN-L波形。正常波形应该为矩形数字方波，无明显的突变，若有明显突变则说明有强烈干扰，可能存在故障。

⑥ 关闭车辆，断开蓄电池负极。

⑦ 拆卸2018款比亚迪E5电池管理系统适配器与车辆的连接线束。

（6）动力网检测。

① 安装动力网适配器。

A．取出与2018款比亚迪E5高压电控总成相连的动力网适配器，连接电源线束。

B．连接动力网适配器1号线束接插器，连接2号线束接插器。

C．断开车辆高压电控总成64pin线束接插器，断开车辆高压电控总成32pin线束接插器。

D．安装2018款比亚迪E5专用动力网适配器64pin线束接插器。安装2018款比亚迪E5专用动力网适配器32pin线束接插器。

E．安装蓄电池负极电缆。

F．安装电池正极线束夹和负极线束夹。

G．打开动力网适配器电源开关。

② 万用表校表。

A．打开万用表，调整到200Ω。

B．将万用表的红黑表笔对接，查看万用表的数值，若显示电阻值小于0.5Ω，则说明万用表正常。

③ 测量动力网电压。

A．选用万用表，并调整至交流电压测试挡。

B．将红表笔连接B28（A）-49端子，黑色表笔连接车身搭铁，检查动力网CAN-H工作电压值是否正常，正常电压值应在2.5～3.5V。

C．将红表笔连接B28（A）-50端子，黑色表笔连接车身搭铁，检查动力网CAN-L工作电压值是否正常，正常电压值应在1.5～2.5V。

④ 测量动力网电阻。

A．调整万用表至电阻200Ω测试挡。

B．将红色表笔连接B28（A）-49端子，黑色表笔连接B28（A）-50端子，检查动力网总线电阻。在线情况下标准电阻应为60Ω左右，若动力网总线断路情况，测量电阻则为120Ω左右。

⑤ 测量动力网波形。

A．选用手持示波仪，打开示波仪。

B．将示波仪红色表笔连接B28（A）-49端子，黑色表笔连接端搭铁端子，调试示波仪后，观察示波仪显示屏中的电池子网总线CAN-H波形。正常波形应该为矩形数字方波，无明显的突变，若有明显突变说明有强烈干扰，可能存在故障。

C．将示波仪红色表笔连接B28（A）-50端子，黑色表笔连接端搭铁端子，调试示波仪后，观察示波仪显示屏中的电池子网总线CAN-L波形。正常波形应该为矩形数字方波，无明显的突变，若有明显突变则说明有强烈干扰，可能存在故障。

⑥ 关闭车辆，断开蓄电池负极电缆。

⑦ 拆卸2018款比亚迪E5高压电控总成适配器与车辆的连接线束。

⑧ 安装车辆高压电控总成线束插接器。

安装蓄电池负极电缆。

（7）整理归位。

① 取下车外防护三件套，关闭机舱盖。

② 取下车内防护三件套，关闭车门。

③ 按照7S管理标准，整理工具和清扫场地。

2018 款比亚迪
E5 车载网络系
统检修

2．故障实例二（高压电控总成检测）

（1）操作规范。

① 在诊断电机驱动系统故障前需穿戴防护装备。

② 在诊断电机驱动系统故障前需完成车内外防护三件套的铺设。

③ 电机驱动系统故障诊断前需检查确认车辆状态正常。

（2）实训准备。

① 实训分组。

分组进行进行实训，完成"驱动电机控制器及相关电路故障诊断"任务。

② 工具准备。

A．常用工具：世达150件工具套装。

B．测量工具：万用表、绝缘测试仪、绝缘胶带、扎带。

C．专用工具：208接线盒、电脑诊断仪。

③ 设备准备。

2018款比亚迪E5、工作台。

④ 人员防护用品。

棉布手套、绝缘鞋、车外三件套、车内三件套。

⑤ 辅助资料。

维修手册、技能视频、学习工作页。

（3）连接2018款比亚迪E5专用适配器。

① 断开蓄电池负极。

② 拆卸高压电控总成64pin线束接插器。安装2018款比亚迪E5专用适配器64pin线束接插器。

③ 拆卸高压电控总成32pin线束接插器。安装2018款比亚迪E5专用适配器32pin线束接插器。

④ 安装蓄电池负极电缆。

⑤ 安装电池正极线束夹和负极线束夹。

⑥ 安装适配器电源线，打开适配器电源开关。

（4）测量高压电控总成供电。

① 起动车辆。

② 选用万用表，将万用表调整至直流电压测试挡，红色表笔连接高压电控总成适配器的B28（A）-1端子，黑色表笔连接高压电控总成适配器的B28（A）-7端子，检查高压电控总成双路电电源是否正常。正常电压值应在10～14V。

注意事项：高压电控总成上插接口的针脚号与2018款比亚迪E5专用适配器的针脚号是对应的。

③ 红色表笔连接高压电控总成适配器B28（A）-2端子，黑色表笔连接高压电控总成适配器B28（A）-8端子，检查高压电控总成常电电源是否正常。正常电压值应在10～14V。

（5）测量高压电控总成接触器。

① 检测主接触器控制电阻。

A．选用万用表，调整至电阻测试挡，红色表笔连接高压电控总成适配器B28（B）-24端子，黑色表笔连接高压电控总成适配器B28（B）-32端子，检查主接触器控制电阻是否正常。正常电阻值应在20～50Ω。

B．红色表笔连接高压电控总成适配器B28（B）-24端子，黑色表笔连接高压电控总成适配器B28（B）-29端子，检查主预充接触器控制电阻是否正常。正常电阻值应在50～120Ω。

② 检测直流正极充电接触器电阻。

A．选用万用表调整至电阻测试挡红色表笔连接高压电控总成适配器B28（B）-25端子，黑色表笔连接高压电控总成适配器B28（B）-30端子，检查直流正极充电接触器控制电阻是否正常。正常电阻值应在10～50Ω。

B．红色表笔连接高压电控总成适配器B28（B）-25端子，黑色表笔连接高压电控总成适配器B28（B）-31端子。查直流负极充电接触器控制电阻是否正常，正常电阻值应在10～50Ω。

C．红色表笔连接高压电控总成适配器B28（B）-25端子，黑色表笔连接高压电控总成适配器B28（B）-32端子，检查交流正极充电接触器控制电阻是否正常，正常电阻值应在10～50Ω。

（6）测量高压电控总成直流漏电传感器。

① 测漏电传感器工作电压。

选用万用表，调整至直流电压测试挡，红色表笔连接高压电控总成适配器B28（B）-4端子，黑色表笔连接高压电控总成适配器B28（B）-8端子，检查高压电控总成双路电电源是否正常，正常值应在10～14V。

② 测漏电传感器信号电压。

A．红色表笔连接高压电控总成适配器B28（B）-14端子，黑色表笔连接车身搭铁，检查直流漏电传感器动力网CAN-H信号电压是否正常，正常电压值应在2.5～3.5V。

B．红色表笔连接高压电控总成适配器B28（B）-15端子，黑色表笔连接车身搭铁，如图4-3-130所示，检查直流漏电传感器动力网CAN-L信号电压是否正常，正常电压值应在1.5～2.5V。

（7）测量高压电控总成总线通信。

① 测量高压电控总成总线电压。

A．选用万用表，调整至直流电压测试挡，红色表笔连接高压电控总成适配器B28（A）-49端子，黑色表笔连接车身搭铁，检查动力网CAN-H工作电压是否正常，正常电压值应在1.5～2.5V。

B．红色表笔连接高压电控总成适配器B28（A）-50端子，黑色表笔连接车身搭铁，如

图4-3-134所示，检查动力网CAN-L工作电压是否正常，正常电压值应在1.5～2.5V。

② 测量高压电控总成总线电阻。

选用万用表，调整至电阻测试挡，红色表笔连接高压电控总成适配器B28（A）-50端子，黑色表笔连接B28（A）-49端子，检查动力网总线电阻，正常电阻值：在线情况下应为60Ω左右，断开测量情况下120Ω左右。

③ 测量高压电控总成总线波形。

A．选用手持示波仪，开启电源开关。

B．检测高压电控总成总线CAN-H波形。

将示波器的红表笔连接高压电控总成适配器B28（A）-49端子，屏蔽线连接至车身搭铁，调整示波器的波形位置与单位，查看CAN-H波形，若CAN-H是标准矩形波，且呈镜像对称，则说明高压电控总成与动力网的CAN-H通信线正常。

C．检测高压电控总成总线CAN-L波形。

将示波器的红表笔连接高压电控总成适配器B28（A）-50端子，屏蔽线连接至车身搭铁，调整示波器的波形位置与单位，查看CAN-L波形，若CAN-L是标准矩形波，且呈镜像对称，则说明高压电控总成与动力网的CAN-L通信线正常。

（8）测量高压电控总成充电系统。

在车辆上电情况下，选用万用表，调整至直流电压测试挡，红色表笔连接高压电控总成DC输出端子，黑色表笔连接车身搭铁，检查高压电控总成中DC-DC模块的工作情况，正常电压值应为13～16V，如图6-2-19所示。

图6-2-19　检查高压电控总成中DC-DC模块的工作情况

（9）拆卸2018款比亚迪E5专用适配器。

① 车辆下电。

② 断开低压蓄电池负极电缆。

③ 关闭适配器电源开关。

④ 拆卸适配器电源线。

⑤ 拆卸2018款比亚迪E5专用适配器32pin线束接插器，安装高压电控总成32pin线束接插器。

⑥ 拆卸2018款比亚迪E5专用适配器64pin线束接插器，安装高压电控总成64pin线束接插器。

⑦ 安装低压蓄电池负极电缆连插器。

（10）复检工作。

① 使用2018款比亚迪E5专用诊断仪清除整车故障码，查看高压电控总成相关数据，确认系统正常。

② 关闭诊断仪，取下VCDI无线诊断接口。

（11）整理归位。

① 取下车外防护三件套，关闭机舱盖。

② 取下车内防护三件套，关闭车门。

③ 按照7S管理标准，整理工具和清扫场地。

【技能视频】2018款比亚迪E5高压电控总成检修-高压电控总成不拆解检测

四、任务实施

实训1　电机驱动系统故障诊断与检测（2018款比亚迪E5功能受限）

1. 故障描述

车主反映车辆行驶时仪表提示EV功能受限、ESP故障，无法切换至EV模式，且车辆前舱有异响，如图6-2-20所示。

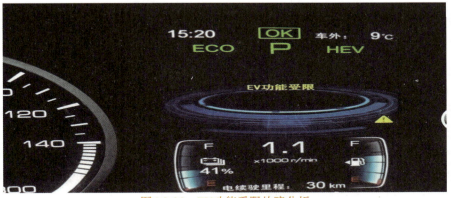

图6-2-20　EV功能受限故障分析

试车：启动车辆发现车辆无法正常上电，且仪表显示动力系统故障。车辆路试确认异响存在，将车辆举升用听诊器确定异响为驱动电机部位发出。

2. 故障原因

（1）变速器及驱动电机故障。

（2）高压系统故障。

（3）低压电器故障。

3．诊断程序

（1）取出2018款比亚迪E5专用诊断仪套件，连接VCDI无线诊断接口。

打开2018款比亚迪E5专用诊断仪电源开关，待电源开启后，进入2018款比亚迪E5诊断系统，并读取车辆VIN码，选择读取整车数据。

等待车辆通信完成之后，单击电子车身稳定系统，进入模块数据读取页面，U010008 EMS数据错误、驱动电机控制器系统，P1B1100旋变故障信号丢失，如图6-2-21所示，疑似是驱动电机存在故障。

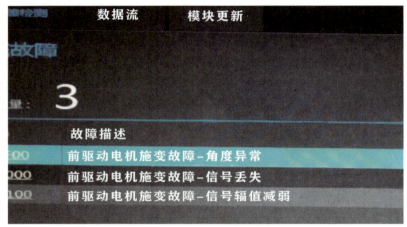

图6-2-21　VDS2000读取故障码

（4）读取高压电控总成故障码，记录后清除故障码，然后重新读取故障码。

（5）温度传感器和旋转变压器的检测。

① 在线检测。

A．驱动电机温度传感器检测。

a．查阅电路图中驱动电机温度传感器信号线针脚号为B28（A）-15，电机温度传感器搭铁线针脚号为B28（A）-29。

b．选用万用表电压20V测试挡，红色表笔连接B28（A）-15检测孔，黑色表笔连接适配器搭铁检测孔，测量驱动电机温度传感器信号电压值。标准值应随温度变化在1～5V。

B．驱动电机旋转变压器励磁线圈检测。

a．查阅电路图中旋转变压器励磁线圈正极为B28（A）-60，旋转变压器励磁线圈负极为B28（A）-59。

b．选用万用表电压20V测试挡，红色表笔连接B28（A）-60检测孔，黑色表笔连接适配器搭铁检测孔，测量旋转变压器励磁线圈正极电压值。标准值应在1～5V。

C．驱动电机旋转变压器正弦线圈检测。

a．查阅电路图中旋转变压器正弦线圈正极为B28（A）-63，旋转变压器正弦线圈负极为B28（A）-64。

b．选用万用表电压20V测试挡，红色表笔连接B28（A）63检测孔，黑色表笔连接适配器搭铁检测孔，测量旋转变压器正弦圈正极电压值。标准值应在1～5V。

D．驱动电机旋转变压器余弦线圈检测。

a．查阅电路图中旋转变压器余弦线圈正极为B28（A）-61，旋转变压器余弦线圈负极为B28（A）-62。

b．选用万用表电压20V测试挡，红色表笔连接B28（A）-61检测孔，黑色表笔连接适配器搭铁检测孔，测量旋转变压器余弦线圈正极电压值。标准值应在1～5V。

② 电阻检测。

A．拆蓄电池负极。

B．驱动电机旋转变压器励磁线圈检测。

选用万用表电阻200Ω测试挡，红色表笔连接B28（A）-60检测孔，黑色表笔连接B28（A）-59检测孔，测量旋转变压器励磁线圈电阻值。标准值应随温度变化在5～9Ω。

C．驱动电机旋转变压器正弦线圈电阻检测。

选用万用表电阻200Ω测试挡，红色表笔连接B28（A）-63检测孔，黑色表笔连接B28（A）-64检测孔，测量旋转变压器正弦线圈电阻值。标准值应随温度变化在13～17Ω。

D．驱动电机旋转变压器余弦线圈电阻检测。

选用万用表电阻200Ω测试挡，红色表笔连接B28（A）-61检测孔，黑色表笔连接B28（A）-62检测孔，测量旋转变压器余弦线圈电阻值。标准值应随温度变化在13～17Ω。

E．驱动电机温度传感器电阻检测。

选用万用表电阻20KΩ测试挡，红色表笔连接B28（A）-15检测孔，黑色表笔连接B28（A）-29检测孔，测量驱动电机温度传感器电阻值。标准值应随温度变化在1～10kΩ。

③ 波形测试。

A．选用示波器电压测试挡，分别连接B28（A）-60检测孔和B28（A）-59检测孔。调试波形位置与单位后，波形是余弦形状且平滑对称为标准波形。

B．用同样的方法检测正余弦绕组的波形，正弦绕组的波形为标准正弦波，余弦绕组的波形为标准余弦波。

（6）测量余弦电阻异常，判定驱动电机故障；电机解角器电路，如图6-2-22所示。

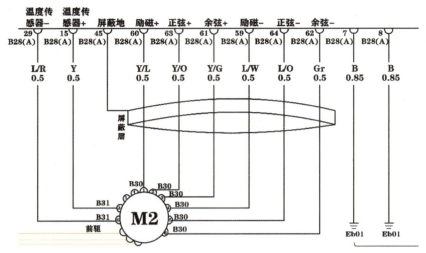

图6-2-22　电机解角器电路图

（7）拆卸驱动电机，进行下一步检测，如图6-2-23所示。

图6-2-23　拆卸驱动电机

4．注意

（1）旋变、励磁电阻正常不代表电机百分之百没有故障。

（2）若条件允许，此类情况可找同款车辆倒换零部件确认。

（3）在排除故障时要大胆假设，小心求证。

【技能视频】电机驱
动系统故障诊断与
检测-温度传感器和
旋转变压器检测

新能源汽车驱动电机构造与控制技术

实训任务-练习题-工作页

目　录

任务 1.1　电机驱动系统认知 3

任务 1.2　电机驱动系统基本组成与工作原理 5

任务 2.1　驱动电机基本认识 7

任务 2.2　典型驱动电机结构原理与检修 9

任务 3.1　典型电机控制器结构与原理 17

任务 3.2　典型电机控制器检修 19

任务 4.1　典型减速器总成结构与原理 25

任务 4.2　典型减速器总成检修 28

任务 5.1　典型电机驱动冷却系统组成与原理 33

任务 5.2　典型电机驱动冷却系统检修 35

任务 6.1　驱动电机系统的维护 44

任务 6.2　电机驱动系统的故障检测 50

任务 1.1　电机驱动系统认知

一、理论部分：

（一）填空题
1. 新能源汽车与普通燃油汽车最主要的区别在于_____。
2. 在纯电动汽车和燃料电池新能源汽车中，_____是唯一的驱动装置，进行输出动力。
3. 在20世纪80年代之前，电动车的原型电机中多使用_____电机。
4. 电机常见种类有_____、_____、_____。
5. 交流感应电机的优点有：结构简单、制造容易、价格低廉、_____、_____、_____等。

（二）判断题
1. 驱动电机系统可以通过有效的控制策略将动力电池提供的直流电转换为交流电。
　　　　　　　　　　　　　　　　　　　　　　　　　　　　　（　　）
2. 目前市场上的各种纯电动汽车和混动新能源汽车，永磁同步电机占多数。
　　　　　　　　　　　　　　　　　　　　　　　　　　　　　（　　）
3. 相比于永磁同步电机，交流感应电机体积较小。　　　　　　（　　）
4. 感应电机功率可以很大、不存在退磁等问题。　　　　　　　（　　）
5. 南车时代电动客车采用交流异步电机驱动系统。　　　　　　（　　）
6. 我国不具有开关磁阻电机驱动系统的自主研发能力。　　　　（　　）
7. 大连恒田6104EV纯电动公交客车，采用的是永磁无刷直流电机。（　　）

（三）选择题
1. 以下属于交流电机的有（　　　）。　　[多选题]
　　A. 步进电机　　　　　　　　　　　　B. 感应电机
　　C. 永磁电机　　　　　　　　　　　　D. 开关阻尼电机
2. 永磁同步电机的优点有（　　　）。　　[多选题]
　　A. 结构简单　　　　　　　　　　　　B. 体积小
　　C. 技能环保　　　　　　　　　　　　D. 维护方便

3. 开关磁阻电机缺点的有（　　　）。　[多选题]

   A. 噪声大   B. 转矩脉动严重

   C. 功率因数较低   D. 非线性严重

4. 欧美各国开发的电动客车多采用（　　）电机。　[单选题]

   A. 永磁同步   B. 交流异步

   C. 永磁直流   D. 交流同步

5. 长城汽车公司的哈弗M3纯电动车采用（　　）电机。　[单选题]

   A. 永磁同步   B. 交流异步

   C. 永磁直流   D. 交流同步

（四）简答题

1. 请简述电机驱动系统的发展趋势。

2. 请简述新能源汽车电机驱动系统的要求。

任务 1.2　电机驱动系统基本组成与工作原理

一、理论部分：

（一）填空题

1. 电机驱动系统完成车辆驱动的部件主要有产生驱动力的_____、控制电机运行状态的_____和进行动能传递的_____，除此之外，还包括电机驱动冷却系统。

2. 驱动电机由_____、_____、旋转变压器、温度传感器及端盖等部件组成。

3. 电机控制器主要由_____和_____组成。

4. 纯电动汽车的电机驱动系统一般采用两种方式散热，分别为_____和_____。

5. 电机驱动系统根据驱动电机的数目不同，可以分为_____和_____。

（二）判断题

1. 纯电动汽车的电机驱动系统都位于后备箱。　　　　　　　　　　　　（　　　）
2. 在车辆驱动行驶时，驱动电机起到动力源的作用。　　　　　　　　　（　　　）
3. 驱动电机是动力系统的执行元件。　　　　　　　　　　　　　　　　（　　　）
4. 机械减速装置安装在于驱动桥上。　　　　　　　　　　　　　　　　（　　　）
5. 驱动电机的输出端与纯电动汽车的机械减速装置是相连接的。　　　　（　　　）
6. 单电机驱动系统的纯电动车只有前驱形式。　　　　　　　　　　　　（　　　）

（三）选择题

1. 电机驱动系统的作用是（　　　）。　[多选题]
   A. 提供动力和驱动力　　　　　　　　B. 控制运动
   C. 提供力矩和扭矩调节　　　　　　　D. 实现能量回收

2. 电机驱动系统的核心是（　　　）。　[单选题]
   A. 电机控制器　　　　　　　　　　　B. 驱动电机
   C. 机械减速装置　　　　　　　　　　D. 电机驱动冷却系统

3. 在车辆减速或制动时，驱动电机起到（　　　）的作用。　[单选题]
   A. 动力源　　　　　　　　　　　　　B. 发电机
   C. 制动器　　　　　　　　　　　　　D. 散热器

4. 电机控制器的作用是（　　　）。　　[多选题]

    A. 控制驱动电机工作

    B. 给动力电池补充电能

    C. 实现两侧车轮转速差

    D. 带走电机驱动系统工作过程中产生的热量

5. 单电机驱动系统的特点有（　　　）。　　[多选题]

    A. 架构简单　　　　　　　　　　B. 便于维护

    C. 效率高　　　　　　　　　　　D. 效率低

（四）简答题

1. 请简述电动汽车行驶时电机驱动系统的工作过程。

_____

_____

_____

_____

_____

2. 请简述单双电机驱动系统的组成及控制特点。

_____

_____

_____

_____

_____

_____

任务 2.1　驱动电机基本认识

一、理论部分：

（一）填空题

1. 新能源汽车的电机有两种形式，一种是以驱动为主的_____，另一种是以起动和发电为主的_____。

2. 异步电动机的转子由_____、_____和_____等部件构成。

3. 永磁同步电机由_____、_____、传感器和控制器等部分组成。

4. 开关磁阻电机的定子和转子铁芯均由硅钢片叠压而成，利用冲片上的齿槽构成双凸极结构，定子产生扭曲磁场，利用_____原理驱动转子运动。

5. 常见的电机参数有_____、_____、_____、额定频率、额定转速、效率 η、功率因数COS、防护等级、绝缘等级、额定类型等。

（二）判断题

1. 驱动电机只可以将电能转换为机械能，不能将机械能转换为电能。　　　　（　　　）

2. 感应电动机利用旋转磁场的变化来产生转矩，将电能转换为机械能。　　　（　　　）

3. 开关磁阻电机是一种新型调速电机。　　　　　　　　　　　　　　　　　（　　　）

4. 功率因数COS是指电动机输入有效功率与视在功率之比。　　　　　　　　（　　　）

5. 驱动电机铭牌型号识读中，Y释义为同步电机。　　　　　　　　　　　　（　　　）

6. 铭牌中的防护等级为"IP67"，表示基本没有灰尘的进入和能防护短时间浸入水中。

　　　　　　　　　　　　　　　　　　　　　　　　　　　　　　　　　　　　（　　　）

7. 新能源汽车上驱动电机的运行与一般的工业应用并无差别。　　　　　　　（　　　）

8. 新能源汽车驱动电机能再生制动，回收能量并反馈回动力电池，提高能量利用率。

　　　　　　　　　　　　　　　　　　　　　　　　　　　　　　　　　　　　（　　　）

（三）选择题

1. 以下适用于电动汽车驱动系统的电机有（　　　）。　[多选题]

　　A. 直流电机　　　　　　　　　　　　　B. 感应电机

　　C. 永磁同步电机　　　　　　　　　　　D. 开关磁阻电机

2. 直流电机的优点有（　　　）。　[多选题]

　　A. 高功率密度　　　　　　　　　　　　B. 高效率

    C. 低噪声   D. 调速范围窄

3. 永磁同步电机的优点有（　　　）。　[多选题]

    A. 良好的启动特性   B. 良好的调速特性

    C. 维护成本低   D. 转矩较大

    E. 电磁制动式电机   F. 变频调速式电机

4. 以下属于驱动电机性能要求的有（　　　）。　[多选题]

    A. 高电压   B. 高转速

    C. 较大的过载能力   D. 高效率

（四）简答题

1. 请简述驱动电机性能的要求。

_____

_____

_____

_____

_____

_____

2. 请简述驱动电机的作用。

_____

_____

_____

_____

_____

_____

任务 2.2　典型驱动电机结构原理与检修

一、理论部分：

（一）填空题

1. 驱动电机承担着_____和_____的双重功能。

2. 当驱动电机作为_____使用时，它将_____转换成_____为车辆行驶提供驱动力。

3. 当驱动电机作为_____使用时，它将_____转换为_____进行发电为动力电池补充电能。

4. 2018款比亚迪E5配置的驱动电机其主要由_____、_____、壳体、端盖、旋转变压器、温度传感器等组成。

5. 驱动电机具体的发电过程为：车辆减速或制动时，驱动轮通过减速器总成拖动_____运转，旋转的永久转子的磁场，分别切割U相、V相、W相的_____，利用_____原理产生U相、V相、W相三相交流电。

（二）判断题

1. 驱动电机是电机驱动系统的执行元件，是电能与机械能的转换部件。　　　（　　　）

2. 永磁同步电机可以用在新能源汽车的驱动电机上。　　　　　　　　　　（　　　）

3. 永磁同步驱动电机的定子为永磁材料。　　　　　　　　　　　　　　　（　　　）

4. 永磁同步电机由于研发成本高，因此它的应用范围较小。　　　　　　　（　　　）

5. 2018款比亚迪E5的驱动电机只有电动机一种工作形式。　　　　　　　（　　　）

6. 在驱动电机具体的驱动过程中，电机控制器输出的三相交流电供给驱动电机的转子。
　　　　　　　　　　　　　　　　　　　　　　　　　　　　　　　　　（　　　）

7. 驱动电机将电能转换为机械能，动力通过减速器总成传递给驱动车轮，带动车辆行驶。
　　　　　　　　　　　　　　　　　　　　　　　　　　　　　　　　　（　　　）

（三）选择题

1. 永磁同步驱动电机的优点有（　　　）。　　[多选题]

   A. 高功率密度　　　　　　　　　　　B. 宽调速范围

   C. 输出转矩大　　　　　　　　　　　D. 驱动效率高

2. 以下属于2018款比亚迪E5配置的驱动电机结构特点的有（　　　　）。　[多选题]

   A. 结构简单　　　　　　　　　　　　B. 体积小

   C. 重量轻　　　　　　　　　　　　　D. 易拆卸

3. 以下属于驱动电机内部检查的有（　　　　）。　[多选题]

   A. 驱动电机绝缘电阻检测　　　　　　B. 驱动电机三相绕组检查

   C. 驱动电机定子绕组检查　　　　　　D. 驱动电机转子检查

4. 驱动电机三相绕组电阻检测工具是（　　　　）。　[多选题]

   A. 数字电桥　　　　　　　　　　　　B. 万用表

   C. 电压表　　　　　　　　　　　　　D. 电流表

（四）简答题

1. 请简述2018款比亚迪E5配置的驱动电机结构组成。

_____

_____

_____

_____

2. 请简述典型永磁同步驱动电机的驱动与发电原理。

_____

_____

_____

_____

二、实操部分：

实训1　永磁同步驱动电机拆卸与检测

（一）作业工单

永磁同步驱动电机拆卸与检测作业表

姓名：　　　　班级：　　　　考号：　　　　总分：100分　　　得分：

台架信息	驱动电机型号	
	电机铭牌信息	

项目	作业记录内容		
前期准备 （5分）	□准备好实训所需设备及工具 □穿戴个人防护用品 □其他_____		
工具检查 （5分）	数字电桥　　（□正常　□异常） 数字兆欧表（□正常　□异常） 万用表　　　（□正常　□异常） □其他_____		
1.驱动电机分解			

1.1 检查驱动电机总成 （10分）	检测部位	检测情况	结果判定
	目视检查驱动电机表面有无锈蚀、碰伤、划痕、涂覆层是否剥落，紧固件连接是否牢固。	□有_____ □无	□正常 □异常
	目视检查旋转变压器接插器及温度传感器接插器有无破损，针脚有无弯曲、变形。	□有_____ □无	□正常 □异常
	目视检查驱动电机进出水管有无锈蚀、碰伤、变形等异常现象。	□有_____ □无	□正常 □异常
	转动翻转台架，目视查找驱动电机总成标识上的工作电压、最大功率、最高转速、防护等级、绝缘等级、型号、最大转矩等信息。	工作电压：_____；最大功率：_____； 最高转速：_____；防护等级：_____； 绝缘等级：_____；型号：_____； 最大转矩：_____。	

| 1.2 安装电机转子拆装专用工具
（10分） | 请填写电机转子拆装专用工具的安装关键步骤：
_____
_____
_____ | | |

（续表）

项目	作业记录内容	
	_____	
1.3 拆卸驱动电机后端盖（5分）	**检测部位**	**检测情况**
	检查驱动电机后端盖，固定滑台两侧的固定旋钮是否解锁。	□是　　　　□否
	请填写驱动电机后端盖拆卸的基本步骤： _____ _____ _____	
1.4 拆卸驱动电机转子（5分）	请填写驱动电机转子拆卸的基本步骤： _____ _____	

2.驱动电机解体后检查

项目	检测部位	检测情况	结果判定
2.1 驱动电机内部检查（10分）	目视检查驱动电机三相电缆，有无老化、烧蚀、腐蚀等异常现象。	□有_____ □无	□正常 □异常
	用手轻微晃动驱动电机 U、V、W 三相绕组线束，检查驱动电机三相绕组是否固定牢固。	□是　□否	□正常 □异常
	目视检查电机定子绕组是否有锈迹，漆包线是否有破损等异常现象；温度传感器线束接插件有无损伤，异物塞入等异常现象；驱动电机定子硅钢片是否有脱落异物，隔层纸是否有破损、刮损、锈蚀等异常现象；驱动电机后端盖壳体有无裂纹、破损等异常现象。	□有_____ □无	□正常 □异常
	用手转动驱动电机转子上的前轴承、后轴承，检查驱动电机前轴承是否有异物，转动是否灵活，是否有刮损等异常现象。	□有_____ □无	□正常 □异常
	目视检查驱动电机前轴承座是否有异物，是否有刮损、磨损等异常现象。	□有_____ □无	□正常 □异常
	用手转动驱动电机转子，目视检查驱动电机转子磁极是否有刮损、裂痕，强磁铁与硅钢片是否脱离，极性之间是否有裂缝、锈蚀等异常现象。	□有_____ □无	□正常 □异常
	目视检查旋转变压器线束接插件有无损伤，异物塞入等异常现象。	□有_____ □无	□正常 □异常
	用手轻轻晃动旋转变压器线束接插件连接插头是否有松动，线束是否断裂、破皮、烧结等异常现象。	□有_____ □无	□正常 □异常

（续表）

项目	作业记录内容		
	检测部位	检测情况	结果判定
2.2 驱动电机绝缘电阻检测（5分）	检测数字兆欧表是否正常可用。	□正常　□异常	
	检测驱动电机 W 相绕组端子之间的绝缘电阻。	测量值：_____	□正常 □异常
	检测驱动电机 V 相绕组端子之间的绝缘电阻。	测量值：_____	□正常 □异常
	检测驱动电机 U 相绕组端子之间的绝缘电阻。	测量值：_____	□正常 □异常
	检测部位	检测情况	结果判定
2.3 驱动电机三相绕组电阻检测（5分）	检查数字电桥是否正常可用。	□正常　□异常	
	数字电桥红黑表笔分别连接 W 相端子和 V 相端子，测量驱动电机 W 相、V 相绕组电阻值。	测量值：_____	□正常 □异常
	数字电桥红黑表笔分别连接 V 相端子和 U 相端子，测量驱动电机 V 相、U 相绕组电阻值。	测量值：_____	□正常 □异常
	数字电桥红黑表笔分别连接 W 相端子和 U 相端子，测量驱动电机 W 相、U 相绕组电阻值。	测量值：_____	□正常 □异常
	检测部位	检测情况	结果判定
2.4 驱动电机旋转变压器电阻及阻抗检测（10分）	检查万用表是否正常可用。	□正常　□异常	
	将万用表红黑表笔分别连接至旋变传感器线束接插器的 3 号和 6 号端子，测量旋转变压器励磁绕组之间的电阻值。	测量值：_____	□正常 □异常
	将万用表红黑表笔分别连接至旋变传感器线束接插器的 2 号和 5 号端子，测量旋转变压器正弦绕组之间的电阻值。	测量值：_____	□正常 □异常
	将万用表红黑表笔分别连接至旋变传感器线束接插器的 1 号和 4 号端子，测量旋转变压器余弦绕组之间的电阻值。	测量值：_____	□正常 □异常
	将数字电桥红黑表笔分别连接至旋变传感器线束接插器的 3 号和 6 号端子，测量旋转变压器励磁绕组之间的阻抗值。	测量值：_____	□正常 □异常
	将数字电桥红黑表笔分别连接至旋变传感器线束接插器的 2 号和 5 号端子，测量旋转变压器正弦绕组之间的阻抗值。	测量值：_____	□正常 □异常
	将数字电桥红黑表笔分别连接至旋变传感器线束接插器的 1 号和 4 号端子，测量旋转变压器余弦绕组之间的阻抗值。	测量值：_____	□正常 □异常

（续表）

项目	作业记录内容		
2.5 驱动电机温度传感器电阻检测（5分）	检测部位	检测情况	结果判定
	将万用表红黑表笔分别连接至驱动电机温度传感器线束接插器的1号和4号端子，测量驱动电机温度传感器电阻值。	测量值：_____	□正常 □异常
3.驱动电机组装（20分）	请填写驱动电机转子安装的基本步骤： _____ _____		
	请填写驱动电机后端盖安装的基本步骤： _____ _____		
	请填写电机转子拆装专用工具拆卸的基本步骤： _____ _____		
整理归位（5分）	（□是 □否）完成实训工具的整理及复位。 （□是 □否）完成实训场地的清洁。 （□是 □否）完成实训设备的复位。		

（二）考核评价

永磁同步驱动电机拆卸与检测评价表

姓名：　　　　班级：　　　　考号：　　　　总分：100分　　　得分：

评分项目	考核内容及配分	评分标准	配分	得分
前期准备与整理归位	1.7S 管理 □1.1 整理、整顿（1分） □1.2 清扫、清洁（1分） □1.3 安全、素养、节约（3分）	未做不得分；不按照规范做，扣除一半分数	5分	
	2.实训准备 □2.1 检查工具设备准备到位（3分） □2.2 规范穿戴工作服，做好个人防护（2分）	未做不得分；不按照规范做，扣除一半分数	5分	
驱动电机分解	1.检查驱动电机总成 □1.1 能正确检查驱动电机表面有无锈蚀、碰伤、划痕，涂覆层是否剥落，紧固件连接是否牢固（1分）	根据工单评分，能正确写出检测情况且结果判定正确得分，否则不得分	10分	

评分项目	考核内容及配分	评分标准	配分	得分
	□1.2 能正确检查旋转变压器接插器及温度传感器接插器有无破损，针脚有无弯曲、变形（1分） □1.3 能正确检查驱动电机进出水管有无锈蚀、碰伤、变形等异常现象（1分） □1.4 能识读驱动电机总成标识，写出工作电压、最大功率、最高转速、防护等级、绝缘等级、型号、最大转矩等信息（7分）			
	2.安装电机转子拆装专用工具 □2.1 能正确安装电机转子拆装专用工具（10分）	未做不得分；不能正确安装不得分；不按照规范做，扣除一半分数	10分	
	3.拆卸驱动电机后端盖 □3.1 检查驱动电机后端盖，固定滑台两侧的固定旋钮是否解锁（1分） □3.2 能正确拆卸驱动电机后端盖（4分）	未做不得分；不能正确拆卸不得分；不按照规范做，扣除一半分数	5分	
	4.拆卸驱动电机转子 □4.1 能正确拆卸驱动电机转子（5分）	未做不得分；不能正确拆卸不得分；不按照规范做，扣除一半分数	5分	
驱动电机解体后检查	1.驱动电机内部检查 □1.1 能正确检查驱动电机三相电缆，有无老化、烧蚀、腐蚀等异常现象（1分） □1.2 能正确检查驱动电机三相绕组是否固定牢固（1分） □1.3 能正确检查电机定子绕组是否正常；温度传感器线束接插件是否正常；驱动电机定子硅钢片是否正常；驱动电机后端盖壳体是否正常（3分） □1.4 能正确检查驱动电机前轴承、后承轴是否有异常现象（1分） □1.5 能正确检查驱动电机前轴承座是否有异常（1分） □1.6 能正确检查驱动电机转子磁极是否有异常（1分） □1.7 能正确检查旋转变压器线束接插件是否有异常（2分）	未做不得分；不能正确检测不得分	10分	
	2.驱动电机绝缘电阻检测 □2.1 能正确检测驱动电机 W 相绕组端子之间的绝缘电阻（1分） □2.2 能正确检测驱动电机 V 相绕组端子之间的绝缘电阻（1分） □2.3 能正确检测驱动电机 U 相绕组端子之间的绝缘电阻（1分） □2.4 能正确判断驱动电机是否存在绝缘故障（2分）	根据工单判定得分	5分	

（续表）

评分项目	考核内容及配分	评分标准	配分	得分
	3.驱动电机三相绕组电阻检测 □3.1 能用数字电桥正确测量驱动电机 W 相、V 相绕组电阻值（1 分） □3.2 能用数字电桥正确测量驱动电机 V 相、U 相绕组电阻值（1 分） □3.3 能用数字电桥正确测量驱动电机 W 相、U 相绕组电阻值（1 分） □3.4 能正确判断驱动电机三相绕组是否存在故障(2 分)	根据工单判定得分	5 分	
	4.驱动电机旋转变压器电阻及阻抗检测 □4.1 能正确使用数字电桥（2 分） □4.2 能正确测量旋转变压器励磁绕组之间的电阻值（1 分） □4.3 能正确测量旋转变压器正弦绕组之间的电阻值（1 分） □4.4 能正确测量旋转变压器余弦绕组之间的电阻值（1 分） □4.5 能正确测量旋转变压器励磁绕组之间的阻抗值（1 分） □4.6 能正确测量旋转变压器正弦绕组之间的阻抗值（1 分） □4.7 能正确测量旋转变压器余弦绕组之间的阻抗值（1 分） □4.8 能正确判断驱动电机旋转变压器是否存在故障（2 分）	根据工单判定得分	10 分	
	5.驱动电机温度传感器电阻检测 □5.1 能正确使用万用表（2 分） □5.2 能正确测量驱动电机温度传感器电阻值（1 分） □5.3 能正确判断温度传感器是否存在故障（2 分）	根据工单判定得分	5 分	
驱动电机组装（20 分）	1.能正确组装驱动电机 □1.1 能正确安装驱动电机转子（10 分） □1.2 能正确安装驱动电机后端盖（2 分） □1.3 能正确拆卸电机转子拆装专用工具（8 分）	未做不得分；不能正确安装、拆卸不得分；不按照规范做，扣除一半分数	20 分	
工单填写	1.能正确填写作业表，记录维修信息 □1.1 能根据操作正确记录工单（1 分） □1.2 能正确记录检测步骤及检测数据（2 分） □1.3 能正确判定检测结果（2 分）	不记录不得分；不能规范记录，扣除一半分数	5 分	

任务 3.1　典型电机控制器结构与原理

一、理论部分：

（一）填空题

1. 电机控制器根据其是否为独立部件可分为_____和_____两种。
2. 高压电控总成外部接口分为_____和_____两部分。
3. 电机控制器是高压电控总成的一部分，与电机控制器功能相关的外部高压接口有_____和_____。
4. 电机控制器功能相关的外部低压接口是_____。
5. 非独立结构的电机控制器，其主要由_____、_____、IGBT模块、三相交流输出霍尔电流传感器、VTOG电源电路板等组成。
6. 2018款电机控制器内部高压电路中的母线电容的为_____。薄膜电容的耐压程度可以达到直流电_____V以上。

（二）判断题

1. 2018款比亚迪E5的电机控制器安装在车辆的前舱内的高压电控总成内部。（　　　）
2. 进出水管与电机驱动系统中的冷却系统相连，其作用是控制驱动电机温度。
（　　　）
3. 高压电控总成中采用了霍尔电流传感器来检测电流。（　　　）
4. 电机控制器内部设有主动泄放模块和被动泄放模块。（　　　）
5. 当电机驱动车辆前行或倒退时，动力电池通过高压控制盒将高压直流电流向电机控制器。（　　　）
6. 主动泄放模块和被动泄放模块是一种确保紧急情况下的高压安全措施，主动泄放是被动泄放失效的双重保护。（　　　）

（三）选择题

1. 电机控制器与驱动电机之间通过（　　　）进行连接，可以在驱动车辆时，将电机控制器逆变后的三相交流电输送给驱动电机。[单选题]
    A. 高压线　　　　　　　　　　　B. 低压线
    C. 高压三相交流线　　　　　　　D. 减速器

2. 2018款比亚迪E5电机控制器是高压电控总成的一部分，以下不属于高压电控总成外部结构的是（　　　）。　[单选题]

  A. 高压接口   B. 低压接口

  C. 进出水口   D. 电机控制器

3. 以下属于非独立结构的电机控制器内部结构的有（　　　）。　[多选题]

  A. 大容量薄膜电容   B. VTOG 控制板

  C. IGBT 模块   D. 三相交流输出霍尔电流传感器

（四）简答题

1. 请简述电机控制器的组成及分类。

 _____

 _____

 _____

 _____

 _____

2. 请简述电机控制器的工作原理。

 _____

 _____

 _____

 _____

 _____

任务 3.2　典型电机控制器检修

一、实操部分：

实训 1　电机控制器检测

（一）作业工单

电机控制器检测作业表

姓名：　　　　班级：　　　　考号：　　　　总分：100分　　　得分：

设备信息	电机控制器型号	
	铭牌信息	

项目	作业记录内容
前期准备 （5分）	□准备好实训所需设备及工具 □穿戴个人防护用品 □其他_____
安全检查 （5分）	□佩戴高压绝缘手套 □其他_____
工具检查 （5分）	电子兆欧表（□正常　□异常） 万用表　　（□正常　□异常） □其他_____
1.电机控制器高压线束绝缘检测	
1.1 高压维修塞拆卸 （5分）	请记录高压维修塞拆卸顺序： _____ _____ _____
1.2 高压验电盖拆卸 （5分）	请记录高压验电盖拆卸顺序： _____ _____

（续表）

项目	作业记录内容		
1.3 高压验电（10分）	**检测部位**	**检测情况**	**结果判定**
	检查万用表是否正常可用。	□正常　□异常	
	将数字万用表调至直流电压挡，将万用表红黑表笔，分别连接至充配电总成高压输入和输出端子，检测充配电总成内部残余电量。	测量值1：_____ 测量值2：_____ 测量值3：_____	□正常 □异常
1.4 电机控制器高压线束拆卸（5分）	请记录拆卸过程中使用的工具： _____		
1.5 电机控制器高压线束绝缘检测（5分）	**检测部位**	**检测情况**	**结果判定**
	检查电子兆欧表是否正常可用。	□正常　□异常	
	检测电机控制器高压线束正极端子绝缘值。	测量值：_____	□正常 □异常
	检测电机控制器高压线束负极端子绝缘值。	测量值：_____	□正常 □异常
1.6 电机控制器高压线束安装（5分）	请记录电机控制器高压线束安装顺序及使用的工具： _____		
1.7 高压验电盖安装（5分）	请记录高压验电盖安装顺序及使用的工具： _____		
1.8 高压维修塞安装（5分）	请记录高压维修塞安装顺序： _____		
2.电机控制器低压电路检测			
2.1 电机控制器双电路检测（10分）	**检测部位**	**检测情况**	**结果判定**
	检查万用表是否正常可用。	□正常　□异常	
	将红表笔连接电机控制器低压线束接插器 B28/10 针脚，黑表笔连接车身搭铁，检测电机控制器供电	测量值：_____	□正常 □异常

（续表）

项目	作业记录内容		
	电压。		
	将红表笔连接电机控制器低压线束接插器 B28/11 针脚，黑表笔连接车身搭铁，检测电机控制器供电电压。	测量值：_____	□正常 □异常
	测试电机控制器供电电路导通性。	□正常　　□异常	
	检测部位	**检测情况**	**结果判定**
2.2 电机控制器动力 CAN 网检测（6分）	连接蓄电池负极电缆并打开车辆电源开关至 ON 挡，将万用表红表笔连接电机控制器低压线束接插器 B28/9 针脚，黑表笔连接车身搭铁，测量动力网 CAN-H 信号电压值。	测量值：_____	□正常 □异常
	连接蓄电池负极电缆并打开车辆电源开关至 ON 挡，将万用表红表笔连接电机控制器低压线束接插器 B28/14 针脚，黑表笔连接车身搭铁，测量动力网 CAN-L 信号电压值。	测量值：_____	□正常 □异常
2.3 电机控制器碰撞信号电路检测（5分）	将红表笔连接电机控制器低压线束接插器 B28/5 针脚，黑表笔连接车身搭铁，检测信号电压。	测量值：_____	□正常 □异常
2.4 电机控制器搭铁电路检测（6分）	将红表笔连接电机控制器低压线束接插器 B28/8 针脚，黑表笔连接车身搭铁，检测搭铁电路电阻。	测量值：_____	□正常 □异常
	将红表笔连接电机控制器低压线束接插器 B28/1 针脚，黑表笔连接车身搭铁，检测搭铁电路电阻。	测量值：_____	□正常 □异常
	将红表笔连接电机控制器低压线.束接插器 B28/6 针脚，黑表笔连接车身搭铁，检测搭铁电路电阻。	测量值：_____	□正常 □异常
3.电机控制器常见部件检测			
	检测部位	**检测情况**	**结果判定**
3.1 电机控制器电容检测（4分）	检查 1#电容充电功能是否正常	测量值：_____ 数值变化趋势：_____	□正常 □异常
	检查 1#电容放电功能是否正常	测量值：_____ 数值变化趋势：_____	□正常 □异常
	检查 2#电容充电功能是否正常	测量值：_____ 数值变化趋势：_____	□正常 □异常

（续表）

项目	作业记录内容		
	检查 2#电容放电功能是否正常	测量值：_____ 数值变化趋势：_____	□正常 □异常
	检查 3#电容充电功能是否正常	测量值：_____ 数值变化趋势：_____	□正常 □异常
	检查 3#电容放电功能是否正常	测量值：_____ 数值变化趋势：_____	□正常 □异常
	检查 4#电容充电功能是否正常	测量值：_____ 数值变化趋势：_____	□正常 □异常
	检查 4#电容放电功能是否正常	测量值：_____ 数值变化趋势：_____	□正常 □异常
	检测部位	**结果判定**	
3.2 电机控制器（IGBT）检测（4分）	将万用表表笔放置在 1#IGBT 两端，在 IGBT 未触发状态下测量上桥臂"+"与"～"之间的导通性。	□导通　□不导通	
	将万用表表笔对换，在 1#IGBT 未触发状态下测量下桥臂"−"与"～"之间的导通性。	□导通　□不导通	
	将万用表表笔放置在 2#IGBT 两端，在 IGBT 未触发状态下测量上桥臂"+"与"～"之间的导通性。	□导通　□不导通	
	将万用表表笔对换，在 2#IGBT 未触发状态下测量下桥臂"−"与"～"之间的导通性。	□导通　□不导通	
	将万用表表笔放置在 3#IGBT 两端，在 IGBT 未触发状态下测量上桥臂"+"与"～"之间的导通性。	□导通　□不导通	
	将万用表表笔对换，在 3#IGBT 未触发状态下测量下桥臂"−"与"～"之间的导通性。	□导通　□不导通	
	将万用表表笔放置在 4#IGBT 两端，在 IGBT 未触发状态下测量上桥臂"+"与"～"之间的导通性。	□导通　□不导通	
	将万用表表笔对换，在 4#IGBT 未触发状态下测量下桥臂"−"与"～"之间的导通性。	□导通　□不导通	
整理归位（5分）	（□是　□否）完成实训工具的整理及复位。 （□是　□否）完成实训场地的清洁。 （□是　□否）完成实训设备的复位。		

（二）考核评价

电机控制器检测评价表

姓名：　　　　班级：　　　　考号：　　　　总分：100分　　　得分：

评分项目	考核内容及配分	评分标准	配分	得分
前期准备与整理归位	1.7S 管理 □1.1 整理、整顿（1分） □1.2 清扫、清洁（1分） □1.3 安全、素养、节约（3分）	未做不得分；不按照规范做，扣除一半分数	5分	
	2.安全检查 □2.1 佩戴高压绝缘手套（5分）	未做不得分	5分	
	3.实训准备 □3.1 检查工具设备准备到位（3分） □3.2 规范穿戴工作服，做好个人防护（2分）	未做不得分；不按照规范做，扣除一半分数	5分	
电机控制器高压线束绝缘检测	1.高压维修塞拆卸 □1.1 能按照正确步骤拆卸高压维修塞错误，根据得分扣相应分值3分） □1.2 能选用正确的工具进行拆卸（2分）	未做不得分；不按照规范做，扣除一半分数，工具选用错误，根据得分扣相应分值	5分	
	2.高压验电盖拆卸 □2.1 能按照正确步骤拆卸高压验电盖（3分） □2.2 能选用正确的工具进行拆卸（2分）	未做不得分；不按照规范做，扣除一半分数，工具选用错误根据得分扣相应分值	5分	
	3.高压验电 □3.1 能正确判断万用表是否正常（2分） □3.2 能正确检测充配电总成内部残余电量（8分）	根据工单判定得分	10分	
	4.电机控制器高压线束拆卸 □4.1 能按照正确步骤拆卸电机控制器高压线束（3分） □4.2 能选用正确的工具进行拆卸错误，根据得分扣相应分值2分）	未做不得分；不按照规范做，扣除一半分数，工具选用错误，根据得分扣相应分值	5分	
	5.电机控制器高压线束绝缘检测 □5.1 能正确判断电子兆欧表是否正常（1分） □5.2 能正确检测电机控制器高压线束正负极端子绝缘值（2分） □5.3 能正确判断电机控制器高压线束或电机控制器是否存在绝缘故障（2分）	未做不得分；不能正确检测不得分	5分	

（续表）

评分项目	考核内容及配分	评分标准	配分	得分
	6.电机控制器高压线束安装 □6.1 能按照正确步骤安装电机控制器高压线束（3分） □6.2 能选用正确的工具进行安装（2分）	未做不得分；不按照规范做，扣除一半分数，工具选用错误，根据得分扣相应分值	5分	
	7.高压验电盖安装 □7.1 能按照正确步骤安装高压验电盖（3分） □7.2 能选用正确的工具进行安装（2分）	未做不得分；不按照规范做，扣除一半分数，工具选用错误，根据得分扣相应分值	5分	
	8.高压维修塞安装 □8.1 能按照正确步骤安装高压维修塞（3分） □8.2 能选用正确的工具进行安装（2分）	未做不得分；不按照规范做，扣除一半分数，工具选用错误，根据得分扣相应分值	5分	
电机控制器低压电路检测	1.电机控制器双电路检测 □1.1 能正确使用万用表（2分） □1.2 能正确检测电机控制器供电电压（6分） □1.3 能测试电机控制器供电电路导通性（2分）	根据工单判定得分	10分	
	2.电机控制器动力 CAN 网检测 □2.1 能正确测量动力网 CAN-H 信号电压值（3分） □2.2 能正确测量动力网 CAN-L 信号电压值（3分） □2.3 能正确检修动力网 CAN-H 信号电路（2分） □2.4 能正确检修动力网 CAN-L 信号电路（2分）	根据工单判定得分	6分	
	3.电机控制器碰撞信号电路检测 □3.1 能正确测量信号电压（2分） □3.2 能正确检修电机控制器的碰撞信号电路（3分）	根据工单判定得分	5分	
	4.电机控制器搭铁电路检测 □4.1 能正确检测搭铁电路电阻（6分） □4.2 能正确判断搭铁存在的故障（4分）	根据工单判定得分	6分	
电机控制器常见部件检测	1.电机控制器常见部件检测 □1.1 能正确判断电容充电功能是否正常（2分） □1.2 能正确判断电容放电功能是否正常（2分） □1.3 能正确进行电机控制器 IGBT 检测（4分）	根据工单判定得分	8分	
工单填写	1.能正确填写作业表，记录维修信息 □1.1 能根据操作正确记录工单（1分） □1.2 能正确记录检测步骤及检测数据（2分） □1.3 能正确判定检测结果（2分）	不记录不得分；不能规范记录，扣除一半分数	5分	

任务 4.1 典型减速器总成结构与原理

一、理论部分：

（一）填空题

1. 2018款比亚迪E5单挡二级减速器总成组件包括：左箱体、_____、_____、_____、右箱体。

2. 单挡二级减速器总成，动力由_____输入，经过二级减速齿轮减速将动力传送至_____，再由_____将动力分配至两侧车轮。

3. 减速器的中间轴组件主要由_____、_____、_____和_____构成。

4. 差速器由差速器外壳、_____、2个行星齿轮、2个半轴齿轮和_____构成。

5. 差速器动力传递路线_____→_____→_____→_____→半轴齿轮→左右半轴→左右驱动轮。

（二）判断题

1. 单挡二级减速器总成可应用在纯电动汽车上的减速器总成上。（　　　）

2. 2018款比亚迪E5驱动电机和减速器总成位于电机控制器下方。（　　　）

3. 减速器总成可以将汽车驱动电机的输出转速降低、转矩增大，以达到整车对驱动电机的转矩、转速需求。（　　　）

4. 单挡二级减速器总成，依靠两级齿轮副来实现减速增扭。（　　　）

5. 减速器输入轴的一级减速主动齿轮与中间轴的一级减速从动齿轮啮合，构成一级减速。（　　　）

6. 差速器的功用是将二级减速从动齿轮的动力传递给左右两个半轴，并允许左右半轴以不同的转速旋转，使左右驱动轮相对地面滚动滑动。（　　　）

7. 2018款比亚迪E5的减速器采用的是三组齿轮副实现降速增扭。（　　　）

（三）选择题

1. 电机驱动三合一驱动桥包括（　　　）。　　[多选题]

    A. 电机控制器　　　　　　　　　　B. 冷却系统

    C. 驱动电机　　　　　　　　　　　D. 主减速器

2. 以下属于减速器箱体作用的是（　　　）。[多选题]

   A. 减速器中所有零件的基座　　　　　B. 支承和固定轴系部件

   C. 保证传动零件的正确相对位置　　　D. 兼作润滑油

3. 以下属于减速器输入轴组件的有（　　　）。[多选题]

   A. 减速器的输入轴　　　　　　　　　B. 一级减速主动齿轮

   C. 轴承　　　　　　　　　　　　　　D. 二级减速主动齿轮

4. 以下哪一项正确描述了车辆前进驱动时的减速器的动力传递路线（　　　）。　[单选题]

   A. 驱动电机（正转）→输入轴→一级减速主动齿轮→中间轴一级减速从动齿轮→中间轴二级减速主动齿轮→二级减速从动齿轮→差速器半轴齿轮→左右半轴→左右驱动轮

   B. 左右驱动轮→左右半轴→差速器半轴车轮→二级减速从动齿轮→中间轴二级减速主动齿轮→中间轴一级减速从动齿轮→输入轴→驱动电机

   C. 驱动电机（反转）→输入轴→一级减速主动齿轮→中间轴一级减速从动齿轮→中间轴二级减速主动齿轮→二级减速从动齿轮→差速器半轴齿轮→左右半轴→左右车轮（反转）

   D. 二级减速从动齿轮→差速器壳→行星齿轮轴→行星齿轮→半轴齿轮→左右半轴→左右驱动轮

（四）简答题

1. 请简述2018款比亚迪E5减速器总成安装位置及总成结构。

_____

_____

_____

_____

2. 请简述车辆在前进挡状态下，松开加速踏板/踩下制动踏板时，减速器的动力传递路线。

_____

_____

_____

_____

3. 请简述车辆倒车时，减速器的动力传递路线。

_____

_____

_____

_____

_____

任务 4.2　典型减速器总成检修

一、实操部分：

实训1 减速器总成拆解与检测

（一）作业工单

减速器总成拆解与检测作业表

姓名：　　　　班级：　　　　考号：　　　　总分：100分　　　得分：

设备信息	型号	
	铭牌信息	

项目	作业记录内容
前期准备 （5分）	□准备好实训所需设备及工具 □穿戴个人防护用品 □其他＿＿＿＿＿＿＿＿＿＿＿
工具检查 （5分）	□游标卡尺（□正常　□异常） □常用工具（□正常　□异常） □专用工具（□正常　□异常） □其他＿＿＿＿＿＿＿＿＿＿＿
1.驱动电机减速机构拆卸	
1.1 差速器半轴、输入轴拆卸 （5分）	请记录差速器半轴、输入轴拆卸顺序及使用的工具： ＿＿＿＿＿＿＿＿＿＿＿＿＿＿＿＿＿＿＿＿＿＿＿＿＿＿＿＿＿＿＿ ＿＿＿＿＿＿＿＿＿＿＿＿＿＿＿＿＿＿＿＿＿＿＿＿＿＿＿＿＿＿＿ ＿＿＿＿＿＿＿＿＿＿＿＿＿＿＿＿＿＿＿＿＿＿＿＿＿＿＿＿＿＿＿ ＿＿＿＿＿＿＿＿＿＿＿＿＿＿＿＿＿＿＿＿＿＿＿＿＿＿＿＿＿＿＿
1.2 减速器前后箱体分离 （5分）	请记录减速器前后箱体分离操作步骤及使用的工具： ＿＿＿＿＿＿＿＿＿＿＿＿＿＿＿＿＿＿＿＿＿＿＿＿＿＿＿＿＿＿＿ ＿＿＿＿＿＿＿＿＿＿＿＿＿＿＿＿＿＿＿＿＿＿＿＿＿＿＿＿＿＿＿ ＿＿＿＿＿＿＿＿＿＿＿＿＿＿＿＿＿＿＿＿＿＿＿＿＿＿＿＿＿＿＿

（续表）

项目	作业记录内容		
1.3 减速器齿轮传动机构拆卸（5 分）	请记录减速器齿轮传动机构拆卸操作步骤及使用的工具： _____ _____ _____		
2.驱动电机减速机构清洁与检查			
2.1 驱动电机减速机构的清洁（5 分）	请记录驱动电机减速机构的清洁步骤及使用的工具： _____ _____ _____ _____		
2.2 驱动电机减速机构检查（20 分）	检测部位	检测情况	维修措施
	检查输入轴齿轮和轴承是否有缺齿、锈蚀和异常磨损等情况。	□有_____ □无	□更换 □修理
	检查中间轴齿轮和轴承是否有缺齿、锈蚀和异常磨损等情况。	□有_____ □无	□更换 □修理
	检查差速器齿轮和轴承是否有缺齿、锈蚀和异常磨损等情况。	□有_____ □无	□更换 □修理
	检查前箱体外观和轴承外圈是否有损伤。	□有_____ □无	□更换 □修理
	检查后箱体外观和轴承外圈是否有损伤。	□有_____ □无	□更换 □修理
	检查减速器与驱动电机结合密封圈是否老化损坏。	□有_____ □无	□更换 □修理
	检查左右两侧半轴密封圈和挡圈是否变形损坏。	□有_____ □无	□更换 □修理
	检查输入轴密封圈是否老化损坏。	□有_____ □无	□更换 □修理
3.驱动电机减速机构安装			
3.1 减速器齿轮传动机构安装（10 分）	请记录减速器齿轮传动机构安装操作步骤及使用的工具： _____ _____ _____		

（续表）

项目	作业记录内容		
	检测部位	检测情况	结果判定
3.2 驱动电机减速机构的测量调整（15分）	测量前箱体结合面至差速器轴承座安装端面的深度。	测量值：_____	
	多次测量前箱体结合面至差速器轴承座安装端面的深度。	测量值1：_____ 测量值2：_____ 测量值3：_____ 测量值4：_____ 测量值5：_____	差速器轴承座安装端面的深度值：_____
	多次测量差速器齿轮轴至后箱体结合面的高度。	测量值1：_____ 测量值2：_____ 测量值3：_____ 测量值4：_____ 测量值5：_____	差速器齿轮轴至后箱体结合面的高度：_____ 差速器轴调整垫片的厚度：_____
3.3 减速器前后箱体安装（10分）	请记录减速器前后箱体安装操作步骤及使用的工具： _____ _____ _____		
3.4 差速器半轴安装（10分）	请记录差速器半轴安装顺序及使用的工具： _____ _____ _____		
整理归位（5分）	（□是 □否）完成实训工具的整理及复位。 （□是 □否）完成实训场地的清洁。 （□是 □否）完成实训设备的复位。		

（二）考核评价

减速器总成拆解与检测评价表

姓名：　　　　　班级：　　　　　考号：　　　　　总分：100分　　　得分：

评分项目	考核内容及配分	评分标准	配分	得分
前期准备与整理归位	1.7S 管理 □1.1 整理、整顿（1分） □1.2 清扫、清洁（1分） □1.3 安全、素养、节约（3分）	未做不得分；不按照规范做，扣除一半分数	5分	
	2.实训准备 □2.1 检查工具设备准备到位（3分） □2.2 规范穿戴工作服，做好个人防护（2分）	未做不得分；不按照规范做，扣除一半分数	5分	
驱动电机减速机构拆卸	1.差速器半轴、输入轴拆卸 □1.1 能按照正确步骤拆卸差速器半轴、输入轴（3分） □1.2 能选用正确的工具进行差速器半轴、输入轴拆卸（2分）	未做不得分；不按照规范做，扣除一半分数，工具选用错误，根据得分扣相应分值	5分	
	2.减速器前后箱体分离 □2.1 能按照正确步骤分离减速器前后箱体（3分） □2.2 能选用正确的工具进行减速器前后箱体分离错误，根据得分扣相应分值2分）	未做不得分；不按照规范做，扣除一半分数，工具选用错误，根据得分扣相应分值	5分	
	3.减速器齿轮传动机构拆卸 □3.1 能按照正确步骤拆卸减速器齿轮传动机构（3分） □3.2 能选用正确的工具进行拆卸减速器齿轮传动机构错误，根据得分扣相应分值2分）	未做不得分；不按照规范做，扣除一半分数，工具选用错误，根据得分扣相应分值	5分	
驱动电机减速机构清洁与检查	1.驱动电机减速机构的清洁 □1.1 能按照正确步骤清洁驱动电机减速机构（3分） □1.2 能选用正确的工具进行驱动电机减速机构的清洁（2分）	未做不得分；不按照规范做，扣除一半分数，工具选用错误，根据得分扣相应分值	5分	
	2.驱动电机减速机构检查 □2.1 能正确判断是否应更换新的输入轴齿轮（3分） □2.2 能正确判断是否应更换新的中间轴齿轮（3分） □2.3 能正确判断是否应更换新的差速器齿轮（3分）	未做不得分；检测准确但维修措施选择不正确，扣得分的一半；	20分	

（续表）

评分项目	考核内容及配分	评分标准	配分	得分
	□2.4 能正确判断是否应更换新的前箱体（2分） □2.5 能正确判断是否应更换新的后箱体（2分） □2.6 能正确判断是否应更换新的减速器与驱动电机结合密封圈（2分） □2.7 能正确判断是否应更换新的左右两侧半轴密封圈和挡圈（3分） □2.8 能正确判断是否应更换新的输入轴密封圈（2分）			
驱动电机减速机构安装	1.减速器齿轮传动机构安装 □1.1 能按照正确步骤安装减速器齿轮传动机构（8分） □1.2 能选用正确的工具进行减速器齿轮传动机构安装（2分）	未做不得分；不按照规范做，扣除一半分数，工具选用错误，根据得分扣相应分值	10分	
	2.驱动电机减速机构的测量调整 □2.1 能正确使用游标卡尺（3分） □2.2 能正确测量前箱体结合面至差速器轴承座安装端面的深度（3分） □2.3 能正确测量并判断差速器轴承座安装端面的深度值（3分） □2.4 能正确测量并判断差速器齿轮轴至后箱体结合面的高度（3分） □2.5 能正确计算差速器轴调整垫片的厚度（3分）	根据工单判定	15分	
	3.减速器前后箱体安装 □3.1 能按照正确步骤安装减速器前后箱体（8分） □3.2 能选用正确的工具安装减速器前后箱体（2分）	未做不得分；不按照规范做，扣除一半分数，工具选用错误，根据得分扣相应分值	10分	
	4.差速器半轴安装 □4.1 能按照正确步骤安装差速器半轴（8分） □4.2 能选用正确的工具安装差速器半轴（2分）	未做不得分；不按照规范做，扣除一半分数，工具选用错误，根据得分扣相应分值	10分	
工单填写	1.能正确填写作业表，记录维修信息 □1.1 能根据操作正确记录工单（1分） □1.2 能正确记录检测步骤及检测数据（2分） □1.3 能正确判定检测结果（2分）	不记录不得分；不能规范记录，扣除一半分数	5分	

任务 5.1　典型电机驱动冷却系统组成与原理

一、理论部分:

（一）填空题

1. 2018款比亚迪E5电机驱动冷却系统按照整车搭载平台不同可分为_____结构形式的电机驱动冷却系统和_____结构形式的电机驱动冷却系统。

2. 2018款比亚迪E5整车四合一结构形式的电机驱动冷却系统主要由_____、_____、_____、电动风扇和冷却管路构成。

3. 2018款比亚迪E5电机驱动冷却系统（四合一平台）电动风扇的工作由_____进行控制，通过_____进行检测。

4. 2018款比亚迪E5采用的是_____散热器。

5. 在电机驱动冷却系统工作过程中，当循环回路内蒸汽压力升高到某一值时，_____会通过溢流管进入_____。

（二）判断题

1. 在新能源汽车运行过程中，电机驱动系统中的驱动电机和电机控制器会产生大量的热能。　　　　　　　　　　　　　　　　　　　　　　（　　）

2. 新能源汽车电机驱动冷却系统的组成千差万别。　　　　　　　　（　　）

3. 2018款比亚迪E5电机驱动冷却系统（三合一平台）和电机控制器是独立的部件。　　　　　　　　　　　　　　　　　　　　　　　　　（　　）

4. 2018款比亚迪E5整车四合一结构形式的电机驱动冷却系统位于车辆后备箱下。　　　　　　　　　　　　　　　　　　　　　　　　　　　（　　）

5. 电动水泵的功用是对冷却液加压，保证其在冷却系统中循环流动。（　　）

6. 电动水泵安装在驱动电机前部底端。　　　　　　　　　　　　　（　　）

7. 电动风扇主要用来提高通过散热器芯的空气流速，增强散热器的散热能力，加速冷却液的冷却。　　　　　　　　　　　　　　　　　　　　（　　）

8. 2018款比亚迪E5电机驱动冷却系统（四合一平台）的电动风扇采用的是无级调速风扇。　　　　　　　　　　　　　　　　　　　　　　　　（　　）

9. 2018款比亚迪E5电机驱动冷却系统（三合一平台）的电动风扇采用的是高低速2挡定速风扇。　　　　　　　　　　　　　　　　　　　　　　（　　）

（三）选择题

1. 电机驱动冷却系统的动力元件是（　　）。　[单选题]

    A. 散热器   B. 电动水泵

    C. 储液罐   D. 电动风扇

2. 电风扇的作用是（　　）。[多选题]

    A. 提高通过散热器芯的空气流速   B. 增强散热器的散热能力

    C. 加速冷却液的冷却   D. 为冷却液的循环提供机械能

3. 2018款比亚迪E5电机驱动冷却系统（三合一平台）与四合一平台电机驱动冷却系统的不同点在于（　　）。　[单选题]

    A. 散热器   B. 电动水泵

    C. 储液罐   D. 电动风扇

4. 2018款比亚迪E5的电机驱动冷却系统采用的冷却方式是（　　）。　[单选题]

    A. 强制循环式冷却   B. 自然冷却

    C. 空气冷却   D. 油冷却

（四）简答题

1. 请简述2018款比亚迪E5电机驱动冷却系统的组成。

2. 请简述2018款比亚迪E5电机驱动冷却系统（三合一平台）的工作过程。

任务 5.2 典型电机驱动冷却系统检修

一、实操部分：

实训1 电机驱动冷却系统检修

（一）作业工单

电机驱动冷却系统检修作业表

姓名：　　　　　班级：　　　　　考号：　　　　　总分：100分　　　　　得分：

车辆信息	车辆型号	
	车辆识别码	

项目	作业记录内容			
前期准备（5分）	□准备好实训所需设备及工具 □穿戴个人防护用品 □车内三件套铺设 □车外三件套铺设 □其他＿＿＿＿＿＿＿＿＿			
安全检查（10分）	□检测 U 相绕组绝缘值（□正常　□异常） □其他＿＿＿＿＿＿＿＿＿			
电机驱动冷却系统在线检测（20分）	□正确连接电脑诊断仪			
	故障代码	故障信息		
	数据流名称	检测值	标准值	结果判定
				□正常 □异常

（续表）

项目	作业记录内容		
	检测部位	检测情况	结果判定
电机驱动冷却系统基本检查（25分）	冷却液液位及相关部件检查	副水箱中冷却液的液位	□低于 min 标记 □处于 max 标记和 min 标记之间	□正常 □异常
		冷却系统相关管路是否有破损	□完好 □破损 □漏液	□正常 □异常
		冷却水泵及连接管路是否有泄漏及外观损伤	□完好 □破损 □漏液	□正常 □异常
		散热风扇是否有卡滞及损伤	□完好 □破损 □卡滞	□正常 □异常
	冷却液冰点检测	冰点测试仪外观是否良好，是否能够正常校准	□是 □否	□正常 □异常
		冷却液冰点检测	冷却液冰点值：_____ 冰点一般低于-25℃	□正常 □异常
电机驱动冷却系统密封性检测（15分）	检查冷却液是否泄漏		□是 □否	□正常 □异常
	检查压力是否下降		□是 □否	
冷却液更换（20分）	冷却液排放步骤			使用的工具及规格
	冷却液加注步骤			使用的工具及规格

（续表）

项目	作业记录内容	
	（□是 □否）完成实训工具的整理及复位。 （□是 □否）完成实训场地的清洁。 （□是 □否）完成实训设备的复位。	
整理归位 （5分）		

（二）考核评价

电机驱动冷却系统检修评价表

姓名：　　　　　班级：　　　　　考号：　　　　　总分：100分　　　　　得分：

评分项目	考核内容及配分	评分标准	配分	得分
前期准备与整理归位	1.7S 管理 □1.1 整理、整顿（1分） □1.2 清扫、清洁（1分） □1.3 安全、素养、节约（3分）	未做不得分；不按照规范做，扣除一半分数	5分	
	2.实训准备 □2.1 检查工具设备准备到位（1分） □2.2 规范穿戴工作服，做好个人防护（1分） □2.3 正确铺设车内防护三件套（1分） □2.4 正确安装车外防护三件套（1分）	未做不得分；不按照规范做，扣除一半分数	4分	
	3.安全检查 □3.1 检测 U 相绕组绝缘值（3分）	未做不得分；不按照规范做，扣除一半分数	3分	
	4.工具及仪器使用 □4.1 检查作业所需要仪器工具是否完备正常（1分） □4.2 能正确连接检测仪器（1分） □4.3 能对检测工具量具进行校准（1分） □4.4 使用工具后对工具和仪器量具进行清洁（1分） □4.5 作业过程做到工具不落地（1分）	未做不得分；不按照规范做，扣除一半分数	5分	
电机驱动冷却系统检修	1.电机驱动冷却系统在线检测 □1.1 能正确连接电脑诊断仪（5分） □1.2 能正确使用诊断仪读取车辆故障码（5分） □1.3 能正确判断故障信息（10分） □1.4 能正确使用诊断仪读取数据流（5分）	未做不得分；不按照规范做，扣除一半分数	20分	
	2.冷却液液位及相关部件检查 □2.1 能正确记录冷却液位置（3分） □2.2 能正确判断冷却系统相关管路是否有破损（3分） □2.3 能正确判断冷却水泵及连接管路是否有泄漏及外观损伤（3分） □2.4 能正确判断散热风扇是否有卡滞及损伤（3分）	未做不得分；不按照规范做，不能规范记录，扣除一半分数	12分	

（续表）

评分项目	考核内容及配分	评分标准	配分	得分
	3.冷却液冰点检测 □3.1 能正确校准冰点测试仪（5分） □3.2 能正确检测冷却液冰点（8分）	未做不得分；不按照规范做，扣除一半分数	13分	
	4.电机驱动冷却系统密封性检测 □4.1 能正确判断冷却液是否泄压（5分） □4.2 正确判断冷却液是否存在压力下降（5分） □4.3 能正确判断电机驱动冷却系统密封性（5分）	未做不得分；不按照规范做，不能规范记录，扣除一半分数	15分	
	5.冷却液排放 □5.1 能按照操作规范排放冷却液（7分） □5.2 能选用正确的工具操作（3分）	未做不得分；不按照规范做，不能规范记录，扣除一半分数	10分	
	6.冷却液排放 □6.1 能按照操作规范加注冷却液（7分） □6.2 能选用正确的工具操作（3分）	未做不得分；不按照规范做，不能规范记录，扣除一半分数	10分	
工单填写	1.能正确填写作业表，记录维修信息 □1.1 能根据操作正确记录工单（1分） □1.2 能正确记录检测步骤及检测数据（2分） □1.3 能正确判定检测结果（2分）	不记录不得分；不能规范记录，扣除一半分数	3分	

二、实操部分：

实训2 电机驱动冷却系统主要部件拆装

（一）作业工单

电机驱动冷却系统主要部件拆装作业表

姓名：　　　　　班级：　　　　　考号：　　　　　总分：100分　　　　得分：

车辆信息	车辆型号	
	车辆识别码	

项目	作业记录内容	
前期准备 （5分）	□准备好实训所需设备及工具 □穿戴个人防护用品 □车内三件套铺设 □车外三件套铺设 □其他_____	
安全检查 （5分）	□检查确认车辆正常（□正常　□异常） □其他_____	
冷却液排放 （5分）	请记录冷却液排放的主要步骤： _____ _____ _____ _____	
电动水泵拆装与检测 （20分）	请记录电动水泵拆卸的主要步骤及使用工具： _____ _____ _____ _____	

	检测部位	检测情况	结果判定
电动水泵检测	检查电动水泵外观有无变形、破损	□完好　□变形　□破损	□正常 □异常
	测量水泵电阻	测量值：_____	□正常

（续表）

项目	作业记录内容			
			标准值为 10KΩ 左右	□异常
	请记录电动水泵安装的主要步骤及使用工具： 			
散热器总成 拆装与检测 （55 分）	请记录散热器附件的拆卸顺序： _____ → _____			
	请记录散热器总成拆卸的十大步骤： 			
	冷却风扇拆卸安装过程中使用的工具有： 			
		检测部位	检测情况	维修措施
	散热器	目视检查散热器表面有无灰尘、杂物。	□正常　□异常	□更换 □清理
		散热片是否有弯曲、变形。	□正常　□异常	□更换 □清理
		管路接口是否有堵塞。	□正常　□异常	□更换 □清理
	冷却风扇	检查其是否有卡滞。	□正常　□异常	□更换 □清理
		检查冷却风扇叶片是否有损坏。	□正常　□异常	□更换 □清理
		冷却风扇上面的平衡块是否有缺失。	□正常　□异常	□更换 □清理
		测量冷却风扇两端子间电阻值。	测量值：_____	□更换 □清理
	请记录散热器总成安装的使用工具： 			

（续表）

项目	作业记录内容
	＿＿＿＿＿＿＿＿＿＿＿＿＿＿＿＿＿＿＿＿＿＿＿＿＿＿＿＿ ＿＿＿＿＿＿＿＿＿＿＿＿＿＿＿＿＿＿＿＿＿＿＿＿＿＿＿＿ ＿＿＿＿＿＿＿＿＿＿＿＿＿＿＿＿＿＿＿＿＿＿＿＿＿＿＿＿ 请记录散热器附件的安装顺序： ＿＿＿＿＿＿＿→＿＿＿＿＿＿＿＿＿
冷却液加注 （5分）	请记录冷却液加注的主要步骤： ＿＿＿＿＿＿＿＿＿＿＿＿＿＿＿＿＿＿＿＿＿＿＿＿＿＿＿＿ ＿＿＿＿＿＿＿＿＿＿＿＿＿＿＿＿＿＿＿＿＿＿＿＿＿＿＿＿ ＿＿＿＿＿＿＿＿＿＿＿＿＿＿＿＿＿＿＿＿＿＿＿＿＿＿＿＿ ＿＿＿＿＿＿＿＿＿＿＿＿＿＿＿＿＿＿＿＿＿＿＿＿＿＿＿＿ ＿＿＿＿＿＿＿＿＿＿＿＿＿＿＿＿＿＿＿＿＿＿＿＿＿＿＿＿
整理归位 （5分）	（□是 □否）完成实训工具的整理及复位。 （□是 □否）完成实训场地的清洁。 （□是 □否）完成实训设备的复位。

（二）考核评价

电机驱动冷却系统主要部件拆装评价表

姓名：　　　　　班级：　　　　考号：　　　　总分：100分　　　得分：

评分项目	考核内容及配分	评分标准	配分	得分
前期准备与 整理归位	1.7S 管理 □1.1 整理、整顿（1分） □1.2 清扫、清洁（1分） □1.3 安全、素养、节约（3分）	未做不得分；不按 照规范做，扣除一 半分数	5分	
	2.实训准备 □2.1 检查工具设备准备到位（2分） □2.2 规范穿戴工作服，做好个人防护（1分） □2.3 正确铺设车内防护三件套（1分） □2.4 正确安装车外防护三件套（1分）	未做不得分；不按 照规范做，扣除一 半分数	5分	
	3.安全检查 □3.1 检查确认车辆安全（5分）	未做不得分；不按 照规范做，扣除一 半分数	5分	

（续表）

评分项目	考核内容及配分	评分标准	配分	得分
电机驱动冷却系统主要部件拆装	1.冷却液排放与加注 □1.1 能正确排放能冷却液（5分） □1.2 能正确加注能冷却液（5分）	未做不得分；不按照规范做，扣除一半分数	10分	
	2.电动水泵拆装与检测 □2.1 能选用正确的工具拆装电动水泵（2分） □2.2 能正确拆装电动水泵（8分） □2.3 能正确检查电动水泵外观有无变形、破损（3分） □2.4 能正确测量水泵电阻（3分） □2.5 能正确判断电动水泵是否存在故障（4分）	未做不得分；不按照规范做，不能规范记录，扣除一半分数	20分	
	3.散热器总成拆装与检测 □3.1 能按照正确顺序拆卸与安装散热器附件（10分） □3.2 能正确拆装散热器总成（10分） □3.3 能正确拆装冷却风扇（10分） □3.4 能正确判断散热器是否存在故障（10分） □3.5 能正确判断冷却风扇是否存在故障（10分）	未做不得分；不按照规范做，扣除一半分数	50分	
工单填写	1.能正确填写作业表，记录维修信息 □1.1 能根据操作正确记录工单（1分） □1.2 能正确记录检测步骤及检测数据（2分） □1.3 能正确判定检测结果（2分）	不记录不得分；不能规范记录，扣除一半分数	5分	

任务6.1 驱动电机系统的维护

一、理论部分：

（一）填空题

1. 检查驱动电机控制器时一定要断开＿＿＿＿＿＿＿＿＿，断开插接件时注意安全。

2. 绝缘检查中借助绝缘电阻表进行检测，通常阻值需要大于等于＿＿＿＿＿＿＿＿＿
Ω/V（1000V）。

3. 2018款比亚迪E5首次保修＿＿＿＿＿＿＿km更换齿轮油，之后每＿＿＿＿＿更换。

4. 日常维护保养中的冷却系统检查目的是检查电机以及电机控制器当中冷却液方面的
＿＿＿＿＿＿＿＿效果。

5. 高压电控总成检查与维护中维护人员的防护措施有＿＿＿＿＿＿＿、＿＿＿＿＿＿、
＿＿＿＿＿＿＿。

（二）判断题

1. 驱动电机系统日常维护周期为1～2次/周。（　　　）

2. 驱动电机系统定期维护周期为半年或10000km。（　　　）

3. 过载检查是对驱动电机现阶段的荷载能力做出检查。（　　　）

4. 外部检查具体操作是借助空气压缩机来对驱动电机还有电机控制器有效的压缩空气，在该操作过程中可以使用高压水枪或者是潮湿的抹布开展清洁工作。（　　　）

5. 减速器的主要作用是将纯电动汽车采用的大功率电机的转速降低、转矩升高，有效的改变整车的传动比，实现整车对驱动电机转速和转矩的需求。（　　　）

6. 2018款比亚迪E5纯电动汽车采用后置后驱减速器。（　　　）

7. 2018款比亚迪E5减速器注油螺塞拧紧力矩为30N/m。（　　　）

8. 减速器总成维护中使用到的仪器有为电压表、欧姆表、绝缘测试仪。（　　　）

（三）选择题

1. 下列操作步骤中，对新能源汽车驱动的电机进行日常维护保养工作描述正确的是（　　　）。　[单选题]

    A. 清洁→紧固→检查→冷却系统检查

    B. 紧固→清洁→检查→冷却系统检查

    C. 检查→紧固→清洁→冷却系统检查

D. 检查→紧固→清洁→冷却系统检查

2. 以下属于新能源汽车驱动电机开展定期维护保养工作的有（　　）。[多选题]

  A. 绝缘检查   B. 过载检查

  C. 外部检查   D. 兼作润滑油

3. 以下属于日常检查和维护驱动电机项目的有（　　）。[多选题]

  A. 检查并清洁驱动电机的外观

  B. 检查驱动电机插接件是否紧固

  C. 检查车辆运行过程中驱动电机是否有异响

  D. 检查驱动电机定子绕组的电阻值是否符合技术标准。

4. 以下属于定期检查与维护驱动电机项目的有（　　）。[多选题]

  A. 检查并清洁驱动电机的外观

  B. 检查驱动电机插接件是否紧固

  C. 检查驱动电机的绝缘性

  D. 检查车辆运行过程中驱动电机是否有异响

5. 以下属于高压电控总成检查与维护内容的有（　　）。[多选题]

  A. 检查高压电控总成表面是否有油渍污垢

  B. 检查高压电控总成冷却水管、接头处是否有渗漏

  C. 检查高压电控总成连接器及插接件

  D. 检查驱动电机控制器附件高压线束有无老化、裂纹现象

（四）简答题

1. 请简述新能源汽车驱动电机维护保养过程中应注意的要点。

_____

_____

_____

_____

2. 请简述减速器总成维护的基本内容。

_____

_____

_____

_____

二、实操部分：

实训1　驱动电机系统维护（2018款比亚迪E5）

（一）作业工单

驱动电机系统维护作业表

姓名：　　　　　班级：　　　　　考号：　　　　　总分：100分　　　　得分：

设备信息	型号	
	铭牌信息	

项目	作业记录内容			
前期准备（5分）	□准备好实训所需设备及工具 □穿戴个人防护用品 □车内三件套铺设 □车外三件套铺设 □其他_____			
安全检查（10分）	□检查确认车辆正常（□正常　□异常） □其他_____			
驱动系统在线检查（10分）	□正确连接电脑诊断仪			
	故障代码	故障信息		
	数据流名称	检测值	标准值	结果判定
				□正常 □异常
高压电控总成维护（15分）	检测部位		检测情况	结果判定
	高压电控总成基本	用干净抹布清洁高压电控总成，检查其外观有无损伤、变形	□完好　□损伤　□变形	□正常 □异常

（续表）

项目	作业记录内容		
	检查	检查高压电控总成插接件连接是否可靠。	□完好 □松动 □其他	
		检查驱动系统冷却液液位。	□低于 min 标记 □处于 max 标记和 min 标记之间	□排放冷却液 □添加冷却液
驱动电机维护（10分）	检查驱动电机是否存在漏油、漏防冻液情况		□完好 □漏液	□正常 □异常
	检查驱动电机外观是否有碰撞、损坏等情况		□完好 □损坏	
冷却系统维护（20分）	检查驱动系统冷却液液位		□低于 min 标记 □处于 max 标记和 min 标记之间	□正常 □异常
	检查冷却液管路是否有破损		□完好 □损坏	
	检查散热器外观是否有损伤		□完好 □损坏	
	检查散热风扇是否有卡滞及损伤		□完好 □损坏 □卡滞	
	冷却液冰点检查		测量值：_____	□正常 □异常
	密封性检查，观察冷却液压力值有无变化		□有变化 □无变化	□正常 □异常
高压电控总成绝缘检查（15分）	旋转轮胎检查减速器是否存在异响		□正常 □异常	□正常 □异常
	检查减速器外观是否存在碰撞、本体及半轴是否有漏油等		□正常 □异常	
	通过齿轮油加注口观察油液是否缺少		□正常 □异常	□排放油液 □添加油液
电源系统复检（10分）	故障代码		故障信息	结果判定
				□正常 □异常
整理归位（5分）	（□是 □否）完成实训工具的整理及复位。 （□是 □否）完成实训场地的清洁。 （□是 □否）完成实训设备的复位。			

（二）考核评价

驱动电机系统维护评价表

姓名：　　　　班级：　　　　考号：　　　　总分：100分　　　得分：

评分项目	考核内容及配分	评分标准	配分	得分
前期准备与整理归位	1.7S 管理 □1.1 整理、整顿（1分） □1.2 清扫、清洁（1分） □1.3 安全、素养、节约（3分）	未做不得分；不按照规范做，扣除一半分数	5分	
	2.实训准备 □2.1 检查工具设备准备到位（2分） □2.2 规范穿戴工作服，做好个人防护（1分） □2.3 正确铺设车内防护三件套（1分） □2.4 正确安装车外防护三件套（1分）	未做不得分；不按照规范做，扣除一半分数	5分	
	3.工具及仪器使用 □3.1 检查作业所需要仪器工具是否完备正常（1分） □3.2 能正确连接检测仪器（1分） □3.3 能对检测工具量具进行校准（1分） □3.4 使用工具后对工具和仪器量具进行清洁（1分） □3.5 作业过程做到工具不落地（1分）	未做不得分；不按照规范做，扣除一半分数	5分	
驱动电机系统维护	1.驱动系统在线检查 □1.1 能正确连接电脑诊断仪（2分） □1.2 能正确使用诊断仪读取车辆故障码（3分） □1.3 能正确判断故障信息（2分） □1.4 能正确使用诊断仪读取数据流（3分）	未做不得分；不按照规范做，扣除一半分数	10分	
	2.高压电控总成维护 □2.1 能进行高压电控总成基本检查（4分） □2.2 能对驱动电机系统进行维护（6分） □2.3 能检查驱动系统冷却液液位（3分） □2.4 能正确添加冷却液（2分）	未做不得分；不按照规范做，扣除一半分数	15分	
	3.驱动电机维护 □3.1 能正确判断驱动电机是否存在故障（6分） □3.2 能对驱动电机进行基本的维护错误，根据得分扣相应分值（4分）	未做不得分；不按照规范做，扣除一半分数	10分	
	4.冷却系统维护 □4.1 能够按照操作规范检查冷却液液位及相关部件（8分） □4.2 能够进行冷却液冰点检查（5分）	未做不得分；不按照规范做，扣除一半分数	20分	

（续表）

评分项目	考核内容及配分	评分标准	配分	得分
	□4.3 能够进行冷却系统密封性检查（4分） □4.4 能够进行冷却液的更换（3分） 5.高压电控总成绝缘检查 □5.1 能够正确判断减速器是否存在故障（5分） □5.2 能够正确判断油液是否正常（5分） □5.3 能够正确进行齿轮油的更换（5分）	未做不得分；检测准确，但维修措施选择不正确扣除一半分数	15分	
	6.电源系统复查 □6.1 能够正确读取整车系统故障码（5分） □6.2 能够正确判断整车是否存在故障（5分）	未做不得分；不按照规范做，扣除一半分数	10分	
工单填写	1.能正确填写作业表，记录维修信息 □1.1 能根据操作正确记录工单（1分） □1.2 能正确记录检测步骤及检测数据（2分） □1.3 能正确判定检测结果（2分）	不记录不得分；不能规范记录，扣除一半分数	5分	

任务 6.2　电机驱动系统的故障检测

一、理论部分：

（一）填空题

1. 驱动系统中常见的故障主要包括_____、_____和_____故障。

2. 逆变器故障主要包括_____和_____两种。

3. 驱动电机故障包括_____、_____、_____。

4. 驱动电机常见的机械故障主要有_____、_____、_____等故障。

5. 在永磁同步电机的所有故障类型中，最为常见的故障有_____、_____、_____。

6. 高压互锁系统的故障会导致车辆_____或_____。

（二）判断题

1. 逆变器主要功能是实现将电动汽车上的直流负载电源转换为三相交流电机调速所需的交流电。　　　　　　　　　　　　　　　　　　　　　　　　　　　（　　）

2. 逆变器开关管短路故障主要是由驱动电路短路、绝缘损坏或过压导致的开关管反向击穿导致的晶体管短路。　　　　　　　　　　　　　　　　　　　　　　（　　）

3. 逆变器开路故障是由触发信号的缺失、控制极短路或基极驱动故障等原因导致的。　　　　　　　　　　　　　　　　　　　　　　　　　　　　　　　　（　　）

4. 定子绕组开路故障主要是因为过热、震动或加工工艺等造成的。　　（　　）

5. 转子故障主要是永磁体退磁故障。　　　　　　　　　　　　　　　（　　）

6. 驱动电机电气故障检测过程中不可以使用数字电桥进行检测。　　（　　）

（三）选择题

1. 电机控制系统常见的外部故障有（　　　）。[多选题]

　　A. 电流传感器故障

　　B. 转子位置传感器故障

　　C. 转速传感器故障

　　D. 冷却水路渗透

2. 驱动电机本体故障产生的影响有（　　　）。[多选题]

   A. 电机不能运转　　　　　　　　　B. 电机运转无力

   C. 电机过热　　　　　　　　　　　D. 电机运行有噪声

3. 以下属于定子绕组短路故障的是（　　　）。　[多选题]

   A. 匝间短路　　　　　　　　　　　B. 相间短路

   C. 绕组接地　　　　　　　　　　　D. 线圈间短路

4. 以下是属于产生热管理系统故障的原因有（　　　）。　[多选题]

   A. 冷却系统泄漏　　　　　　　　　B. 冷却泵故障

   C. 风扇故障　　　　　　　　　　　D. 加热器故障

5. 驱动电机无法运转的原因有（　　　）。　[多选题]

   A. 电源、线路故障　　　　　　　　B. CAN 通信线路故障

   C. 电机及电机控制器故障　　　　　D. 驱动冷却系统故障

（四）简答题

1. 请分析驱动电机及控制器过热的故障原因。

2. 请画出电机驱动系统故障检测与诊断流程。

二、实操部分：

实训1 驱动电机系统故障诊断与检测（2018款比亚迪E5功能受限）

（一）作业工单

驱动电机系统故障诊断与检测（2018款比亚迪E5功能受限）作业表

姓名：　　　　班级：　　　　考号：　　　　总分：100分　　　得分：

车辆信息	车辆型号	
	车辆识别码	

项目	作业记录内容		
前期准备 （2分）	□准备好实训所需设备及工具 □穿戴个人防护用品 □车内三件套铺设 □车外三件套铺设 □其他_____		
	检查内容	**检查结果**	**处理措施**
安全检查 （8分）	人员防护装备（绝缘手套）	□正常 □缺失 □破损	□补充 □更换
	绝缘鞋	□正常 □缺失 □破损	□补充 □更换
	护目镜	□正常 □缺失 □破损	□补充 □更换
	安全帽	□正常 □缺失 □破损	□补充 □更换
	绝缘工具套装	□正常 □缺失 □破损	□补充 □更换
故障现象 确认 （10分）	**主要操作**	**故障现象**	
	打开车辆启动开关		
初步故障原			

（续表）

项目	作业记录内容			
因判定 （5分）				
诊断程序				

	主要操作	数据记录		
	读取车辆 VIN 码			
	主要操作	故障码	故障码定义	
	使用故障诊断仪读取故障码			
读取故障码 （15分）				
	可能故障原因分析			
	主要操作	故障码	故障码定义	
	读取高压电控总成故障码			
	重新读取故障码			

	检测内容		检测结果	标准值	结果判定
旋转变压器 在线检测 （30分）	驱动电机温度传感器检测	测量驱动电机温度传感器信号电压值		1～5V	□正常 □异常
	驱动电机旋转变压器励磁线圈检测	测量旋转变压器励磁线圈正极电压值		1～5V	□正常 □异常
		波形检测	□正常 □异常	余弦形状且平滑对称	

（续表）

项目	作业记录内容				
	驱动电机旋转变压器正弦线圈检测	测量旋转变压器正弦圈正极电压值		1～5V	□正常 □异常
		波形检测	□正常　□异常	正弦形状且平滑对称	
	驱动电机旋转变压器余弦线圈检测	测量旋转变压器余弦线圈正极电压值		1～5V	□正常 □异常
	检测内容		检测结果	标准值	结果判定
旋转变压器 dz 检测（20分）	驱动电机温度传感器电阻检测	测量驱动电机温度传感器电阻值		1Ω～10kΩ	□正常 □异常
	驱动电机旋转变压器励磁线圈检测	测量旋转变压器励磁线圈电阻值		6～8Ω	□正常 □异常
	驱动电机旋转变压器正弦线圈电阻检测	测量旋转变压器正弦线圈电阻值		13～15Ω	□正常 □异常
	驱动电机旋转变压器余弦线圈电阻检测	测量旋转变压器余弦线圈电阻值		6～8Ω	□正常 □异常
故障判定（10分）					

（二）考核评价

驱动电机系统故障诊断与检测（比亚迪秦EV功能受限）评价表

姓名：　　　　班级：　　　　考号：　　　　总分：100分　　　得分：

评分项目	考核内容及配分	评分标准	配分	得分
前期准备与整理归位	1.7S 管理 □1.1 整理、整顿（1分） □1.2 清扫、清洁（1分） □1.3 安全、素养、节约（1分）	未做不得分；不按照规范做，扣除一半分数	3分	
	2.实训准备 □2.1 规范穿戴工作服，做好个人防护（1分） □2.2 正确铺设车内车外防护三件套（1分）	未做不得分；不按照规范做，扣除一半分数	2分	
	3.安全检查 □3.1 绝缘手套检查（1分） □3.2 绝缘鞋检查（1分） □3.3 护目镜检查（1分） □3.4 安全帽检查（1分） □3.5 绝缘工具套装检查（1分）	未做不得分；不按照规范做，扣除一半分数	5分	
故障现象确认	□1.1 能够进行试车确认故障现象（10分）	未做不得分；不按照规范做，扣除一半分数	10分	
初步判定故障范围	□1.1 能够结合故障现象初步判断故障原因（5分）	未做不得分；不按照规范做，扣除一半分数	5分	
故障诊断	1.读取故障码 □1.1 记录检测数据（3分） □1.2 使用故障诊断仪读取故障码（7分） □1.3 查阅资料解析故障码定义（2分） □1.4 能够根据故障码分析故障原因（3分） 2. 旋转变压器在线检测 □2.1 能够正确进行驱动电机温度传感器检测（5分） □2.2 能够正确进行驱动电机旋转变压器励磁线圈检测（10分） □2.3 能够正确进行驱动电机旋转变压器正弦线圈检测（10分） □2.4 能够正确进行驱动电机旋转变压器余弦线圈检测（5分）	未做不得分；不按照规范做，扣除一半分数	65分	

（续表）

评分项目	考核内容及配分	评分标准	配分	得分
	3. 旋转变压器 dz 检测 □3.1 能够正确进行驱动电机温度传感器电阻检测(5分） □3.2 能够正确进行驱动电机旋转变压器励磁线圈检测（5分） □3.3 能够正确进行驱动电机旋转变压器正弦线圈电阻检测（5分） □3.4 能够正确进行驱动电机旋转变压器余弦线圈电阻检测（5分）			
故障判定	1.故障判定 □1.1 能够根据各个诊断步骤判定故障点（5分）	未做不得分；不按照规范做，扣除一半分数	5分	
工单填写	1.能正确填写作业表，记录维修信息 □1.1 能根据操作正确记录工单（1分） □1.2 能正确记录检测步骤及检测数据（2分） □1.3 能正确判定检测结果（2分）	不记录不得分；不能规范记录，扣除一半分数	5分	